AF175746

Michael Eckert,
Dr. Ralf Stroop

Psychosoziale Notfallversorgung (PSNV)
bei den Mobilen Rettern

Mit einem Geleitwort von
Dr. med. Dipl.-Psych. Steffi Koch-Stoecker

Das Buch-Cover wurde von Michael Eckert gestaltet.
Fotos: a) Amrei Groß, b) Mobile Retter e.V., c) Colourbox.de.

Bibliografische Information der Deutschen Nationalbibliothek:
Die Deutsche Nationalbibliothek verzeichnet diese Publikation
in der Deutschen Nationalbibliografie; detaillierte bibliografische Daten sind im Internet über http://dnb.dnb.de abrufbar.

(2. überarbeitete Auflage)
Herstellung und Verlag:
BoD – Books on Demand, Norderstedt

ISBN 978-3-7519-5802-8

Inhaltsverzeichnis

Geleitwort

Das Konzept der Mobilen Retter ist ebenso genial wie einfach: die richtigen Helfer zur richtigen Zeit am richtigen Ort – diese Vision gelingt durch den Einsatz moderner Technik, mit geeigneten telemedizinischer Programmen, gepaart mit hoher Bereitschaft von ehrenamtlich Aktiven, denen die medizinische Versorgung in Notfällen am Herzen liegt. Eine Nachricht auf dem Handy signalisiert dem Mobilen Retter, dass in seiner unmittelbaren Nähe jemand hochakut auf lebensrettende Maßnahmen angewiesen ist. Technik und engagierte Hilfsbereitschaft gehen Hand in Hand, und während die technische Seite durch kluge Anwendungen und geeignete Hard- und Software gesichert werden kann, steht der Mobile Retter in seiner Bereitschaft und Funktion plötzlich allein vor einem vielleicht umgehend sterbenden Menschen, dessen Umfeld sich in Not und Panik verzweifelt verhält. Wie ist das zu bewerkstelligen?

Das vorliegende Buch von Eckert und Stroop zur Psychosozialen Notfallversorgung der Mobilen Retter hat genau diese Frage zum Thema. Hochkompetent und fachlich umfassend informiert wird die Situation der Mobilen Retter, ihre möglichen Belastungen und die notwenige Abhilfe von verschiedenen Seiten beleuchtet. Mit der Thematisierung dieser Seite des Hilfseinsatzes wird sprachfähig, was sich viele Retter vielleicht nicht einmal eingestehen möchten: dass sie manchmal Angst oder Selbstzweifel aus dem Einsatz mitnehmen, die sie anschließend gut verarbeiten müssen. Nach der Lektüre dieses Buches muss sich kein Mobiler Retter alleingelassen fühlen, wenn ein Einsatz ihn verfolgt und belastet.

Zugleich wird ausführlich die Verantwortung diskutiert, die die Organisation dieses Rettungsangebots trägt. Die Idee, jeden Einsatz durch ein anschließendes Telefonat mit einem in der psychosozialen Notfallversorgung kompetenten Mitglied der Organisation abzuschließen wird propagiert. Unter traumatherapeutischen oder -prophylaktischen Aspekten kann ein solcher klärender Abschluss nicht hoch genug eingeschätzt werden.

In der Sprache klar und verständlich, praxisnah und doch unter umfangreicher Vermittlung der wissenschaftlichen Erkenntnisse zum Thema werden Belastungs- und Schutzfaktoren der Mobilen Retter beschrieben und Hinweise zu möglichen symptomatischen Entwicklungen in der Folge von Einsätzen und deren Bedeutung gegeben.

Mit dem vorliegenden Buch helfen die Autoren dem Konzept und der Umsetzung der „Mobilen Retter" zu besserer Bekanntheit und tragen so dazu bei, dass die Notfallversorgung in der Bundesrepublik weiter verbessert wird. Sie machen deutlich, dass neben gut funktionierender Technik Menschen diese Hilfe erbringen, die mit ihren Erfahrungen und Belastungen Schutz und zuverlässige Hilfe brauchen, und sie führen aus, wie diese Unterstützung aussehen kann und muss.

Diesem Buch ist eine große Verbreitung zu wünschen!

April 2019   Steffi Koch-Stoecker

Vorwort zur 1. Auflage

Das vorliegende Buch skizziert die Psychosoziale Notfallversorgung bei den Mobilen Rettern.

Das von Dr. Stroop entwickelte App-gestützte Alarmierungssystem „Mobile Retter" trägt dem Rechnung, dass bei zeitkritischen Notfällen wie Bewusstlosigkeit und Herzstillstand die therapiefreie Zeit bis zum Eintreffen des Rettungsdienstes durch die Alarmierung von sich in der Nähe befindlichen medizinisch vorgebildeten Personen (Ärzte, Rettungsdienstpersonal, Feuerwehrleute u.a.) signifikant verkürzt werden kann.

In solchen Einsätzen werden die ehrenamtlichen Mobilen Retter indikationsbedingt regelmäßig mit potentiell belastenden Situationen konfrontiert. Von vornherein wurde die Bedeutung einer psychosozialen Betreuung von Mobilen Rettern erkannt. Daher wurde zeitnah zur Einführung der App in der Pilotregion Gütersloh ein psychosozialer Peer-Kontakt via Telefon etabliert, bei dem jeder Mobile Retter nach dem Einsatz kontaktiert wird. Dies geschah unter Initiative von Dr. Stroop zunächst unter der Leitung von Prof. Dr. Henning Goersch von der Akkon Hochschule in Berlin. In der Jahreswende 2015/16 konstituierte sich das erste vereinsinterne Einsatznachsorgeteam im Kreis Gütersloh und zeitgleich wurde den Mobilen Rettern die PSNV-Hotline der Malteser zugänglich gemacht. Mitte 2016 veröffentlichte Michael Eckert ein vereinsinternes Grundlagenkonzept für die telefonische Einsatznachsorge, das auch für die übrigen Regionen der Mobilen Retter als Leitfaden dient. Dieses Konzept, das durch zahlreiche gute Anregungen – besonders von Prof. Dr. Henning Goersch, Matthias Wölfel, Thorsten Heß, Andre Könitzer und Dr. Thomas Poschkamp – immer wieder revidiert wurde, liegt hier in der vollständig überarbeiteten Version vom April 2019 vor. Wir danken an dieser Stelle auch Frau Dr. Koch-Stoecker für das Interview zur Traumaambulanz und das Geleitwort sowie Herrn Sören Petry für die Bereitstellung der Malteser PSNV-Hotline und die Informationen dazu.

Michael Eckert und Ralf Stroop

Vorwort zur 2. Auflage

Das System der Mobilen Retter breitet sich weiter aus (in modularer Form sogar bis nach Spanien). Aus den deutschen Gebietskörperschaften wurde die Bitte an uns herangetragen, eine eBook-Version des PSNV-Buchs zur Verfügung zu stellen. Dem wollen wir mit dieser Auflage (September 2020) nachkommen und haben gleichzeitig die Chance genutzt, einige Aktualisierungen und kleinere Veränderungen vorzunehmen.

Michael Eckert und Ralf Stroop

1 Erste Annäherung

1.1 Mobile Retter

Jedes Jahr erleiden nach Hochrechnungen des Deutschen Reanimationsregisters bundesweit etwa 70.000 Menschen einen plötzlichen Herz-Kreislauf-Stillstand.[1] Nicht einmal 10% dieser Menschen können derzeit gerettet werden, weil die erforderliche Reanimation häufig zu spät beginnt. Denn mit jeder Minute, mit der diese Maßnahme verzögert begonnen wird, sinkt die Überlebenswahrscheinlichkeit in etwa um 10%. Unter optimalen Bedingungen könnten aber jährlich – so die Extrapolation – 10.000 Menschenleben gerettet werden. Das setzt voraus, dass möglichst unmittelbar nach dem Auftreten eines Herz-Kreislauf-Stillstandes eine Herzdruckmassage begonnen wird. Denn das Gehirn kann durch die fehlende Sauerstoff-Versorgung schon bereits ab etwa drei Minuten einen irreversiblen Schaden erleiden, der durch die Umverteilung des Blutes (und dadurch des noch darin enthaltenen Sauerstoffs) durch die zügig begonnene Herzdruckmassage zumindest vorübergehend vermieden werden kann.

Die moderne Smartphone-Technologie und die damit einhergehenden standortbezogenen Dienste wie der Ortung und der Navigation ermöglichen eine grundlegend neue, den Rettungsdienst ergänzende Versorgungsform, mit der die Überlebenswahrscheinlichkeit und auch die Überlebensqualität von Patienten nach Herz-Kreislauf-Stillstand verbessert werden können.

Denn nach orientierender Abschätzung sind in Deutschland etwa 2-3% der Menschen durch ihre berufliche Tätigkeit oder ihr ehrenamtliches Engagement als Feuerwehrmann, Rettungsdienstpersonal, Sanitäter, Ärzte, Gesundheit- und Krankenpfleger, Rettungsschwimmer, Sanitätssoldat, Betriebssanitäter, Medizinische Fachangestellter, Medizinstudent, Polizist o.ä. in Reanimationsmaßnahmen trainiert oder verfügen über Einsatzerfahrung in Notfallsituationen.

Diese qualifizierten Ersthelfer können sich beim Mobile Retter e.V. registrieren und werden dann nochmals in den Ersthelfermaßnahmen

---

[1]   Diese Daten beziehen sich auf die sich außerhalb einer Klinik ereignenden Vorfälle.

wie der Reanimation, der stabilen Seitenlage, der Anwendung des AEDs und Besonderheiten der Notfallversorgung bei Kindern trainiert.

Geht in der Rettungsleitstelle einer an dem Mobile-Retter-System teilnehmenden Region nun ein Notruf ein, der einen Patienten mit Herz-Kreislauf-Stillstand oder Bewusstlosigkeit erkennen lässt, werden die Einsatzkoordinaten an den bundesweit erreichbaren Mobile-Retter-Webserver geschickt, der über die Ortungsfunktion Mobile Retter in der unmittelbaren Einsatzumgebung dieses Notfallortes sucht.

Über die Mobile-Retter-App werden somit die in der Nähe befindlichen Mobilen Retter in Ergänzung zum Rettungsdienst alarmiert und mit der Einsatzübernahme per App zum Einsatzort navigiert.[2]

Durch die Einsatzortnähe haben die Mobilen Retter gegenüber dem Rettungsdienst häufig einen signifikanten Zeitvorteil und können zeitnah zur Verringerung des therapiefreien Intervalls die erforderlichen Maßnahmen einleiten. Diese Innovation intendiert, jährlich über 10.000 Menschen vor dem plötzlichen Herztod zu retten. Die Auswertungen für den Kreis Gütersloh ergaben[3], dass der Mobilen Retter

---

[2] Quelle der Grafik zur Funktionsweise: Mobile Retter (https://commons.wikimedia.org/wiki/File:Mobile-Retter-Runktionsprinzip.png) [18.04.2019]

[3] Vgl. Stroop, R./ Kerner, T./ Strickmann, B./ Hensel, M. (2020).

durchschnittlich nach 4 Minuten, der Rettungsdienst nach 7 Minuten eintraf. Die Krankenhaus-Entlassquote der Patienten, die primär von einem Mobile Retter reanimierte wurde, zeigte sich mit 18 % signifikant erhöht gegenüber der Entlassquote von Patienten, die primär vom Rettungsdienst behandelt wurden (11 %). Die Überlebensqualität (gemessen anhand eines nach der Reanimation als gut bewerteten, neurologischen Befindens) war in der von Mobile Rettern behandelten Patientengruppe mit 11 % ebenfalls signifikant erhöht, gegenüber der Gruppe (4 %), in der der ersteintreffende Rettungsdienst die Maßnahmen einleitete.

Dem in Hinblick auf Überlebenschance und Überlebensqualität des Patienten bestehenden positiven Effekt steht die psychomentale Herausforderung der Mobilen Retter in diesen Einsätzen gegenüber. Daher beinhaltet das Mobile-Retter-Konzept nicht nur eine umfangreiche versicherungsrechtliche Absicherung der Mobilen Retter, sondern auch eine psychosoziale Einsatzbegleitung, die sowohl die Einsatzvorbereitung wie auch die Einsatznachsorge mit einschließt.

Das Mobile-Retter-System wurde bereits mehrfach ausgezeichnet – u.a.

- 2015 als Ausgezeichneter Ort im Land der Ideen
- 2015 als Bundespreisträger von Startsocial
- 2015 2. Platz bei dem von der Universität Witten/Herdecke verliehenen "Preis für Gesundheitsvisionäre"[39]
- 2016 Ideenpreis der Arbeitsgemeinschaft Notärzte in Nordrhein-Westfalen (AGNNW)
- 2016 Gewinner der Google Impact Challenge
- 2017 Gewinner des MSD Sonderpreises in der Kategorie E-Health/Digitalisierung
- 2020 Querdenkerpreis der Deutschen Gesellschaft für Innere Medizin e.V. (DGIM)

Ziel des Vereins Mobile Retter ist es, die ausgehend vom Kreis Gütersloh 2013 begonnene Verbreitung der Smartphone-basierten Ersthelfer-Alarmierung (SbEA) bundesweit zu implementieren. Um dies strukturiert und nachhaltig zu gestalten, hilft der Mobile Retter e.v. den Gebietskörperschaften durch Beratung, Unterstützung sowie geeignete Werkzeuge und Vorlagen bei der Implementierung und im nachhaltigen Regelbetrieb. Die meisten Mobile-Retter-Regionen verwenden das technische Alarmierungssystem der medgineering GmbH (eine Tochter des IT-Dienstleisters adesso SE). Der gemeinnützige Verein und die medgineering GmbH agieren unabhängig voneinander, arbeiten jedoch bei der Beauftragung durch eine Gebietskörperschaft im dortigen Lenkungskreis zusammen.

Derzeit sind die Mobilen Retter bereits in folgenden Regionen aktiv[4]:

- Bielefeld
- Emsland/Grafschaft Bentheim
- Essen
- Germersheim / Landau / Südliche Weinstraße
- Groß-Gerau
- Gütersloh
- Hochsauerlandkreis
- Ingolstadt / Eichstätt / Neuburg-Schrobenhausen / Pfaffenhofen an der Ilm
- Kleve
- Mülheim an der Ruhr
- Neckar-Odenwald-Kreis
- Osnabrück / Landkreis Osnabrück
- Peine
- Unna
- [München][5]

---

[4] Vgl. Homepage des Mobile Retter e.V. URL: www.mobile-retter.org [01.09.2020]. Siehe auch Stroop, R./ Strickmann, B./ Horstkötter, H./ Kuhlbusch, T./ Hartweg, H. R./ Kerner, T. (2015).

[5] München und Katalonien greifen zwar auf den gleichen Technologieanbieter (medgineering GmbH) zurück, zurzeit allerdings ohne den Mobile Retter e.V.!

Im Aufbau

- Landkreis Cuxhaven / Bremerhaven / Osterholz
- Harburg
- Landsberg am Lech
- Mettmann
- Rotenburg (Wümme)
- Viersen
- [Katalonien (Spanien)][5]

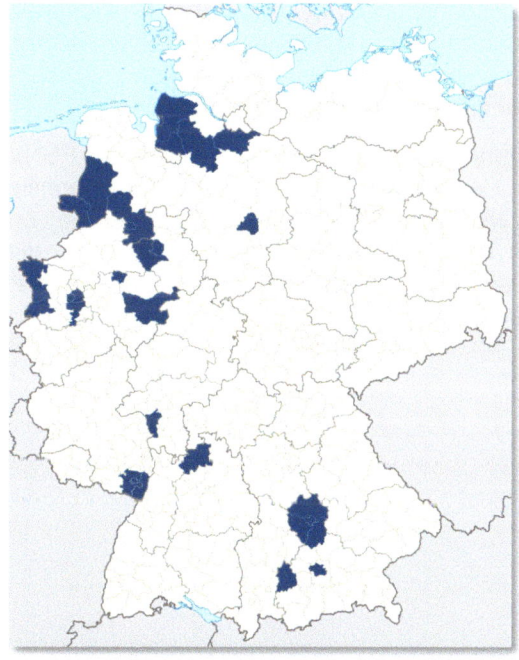

1.2 Psychosoziale Notfallversorgung (PSNV)

„Der Begriff Psychosoziale Notfallversorgung (PSNV) beinhaltet die Gesamtstruktur und die Maßnahmen der Prävention sowie der kurz-, mittel- und langfristigen Versorgung im Kontext von belastenden Notfällen bzw. Einsatzsituationen. [...] Grundannahme der PSNV ist es, dass zur Bewältigung von psychosozialen Belastungen und kritischen Lebensereignissen zunächst personale Ressourcen (wie Coping-Strategien, Kontrollüberzeugung, Selbstwirksamkeitserwartung, Optimismus etc.) und soziale Ressourcen im informellen sozialen Netz der Betroffenen aktiviert werden. Maßnahmen der PSNV wirken ergänzend oder substituierend im Fall des (zeitweise) Fehlens oder Versiegens dieser Ressourcen"[6]

Vereinfacht könnte dies umschrieben werden mit einem strukturierten Hilfsangebot, das sich an Menschen in kritischen Lebenslagen richtet, um diese in der Weise zu unterstützen, dass sie mit ihren psychosozialen Belastungen besser zurechtkommen.

Bei einer Bestandsaufnahme für die Angebote & Anbieter der PSNV durch das Bundesamt für Bevölkerungsschutz und Katastrophenhilfe (BBK) konnte festgestellt werden, dass hierfür eine enorme Fülle von gebräuchlichen Begriffen bestand und auch weiterhin besteht, die letztlich zur Verwirrung beitragen können. Die nachstehende Grafik[7] mag dies eindrücklich verdeutlichen.

---

[6] Bundesamt für Bevölkerungsschutz und Katastrophenhilfe (BBK) (Hrsg.) ([2]2018), 44. [Hervorhebungen durch die Verfasser.] – Siehe auch: Bundesamt für Bevölkerungsschutz und Katastrophenhilfe (BBK) (Hrsg.) ([3]2012), 20.

[7] Vgl. Bundesamt für Bevölkerungsschutz und Katastrophenhilfe (BBK) (Hrsg.) ([3]2012), 25. [Zwecks besserer Lesbarkeit wurde die Grafik leicht verändert gegenüber dem Original.]

PSNV - Synopse
- Ausgangslage -

Psychosoziale Dienste
Psychische Erste Hilfe

Stressbearbeitung und Kollegiale Betreuung

Notfallpsychologische Akuthilfe   KIT in der langfristigen Nachsorge
Psychotraumatologische Akuthilfe   CISM
                                                Seelsorger vom Dienst

Mental Health Professional   Psychosoziale Fachkraft
                            E(K)N-Team   Notfallbetreuung
                                     Kriseninterventionsdienst   Notfallbetreuung
    Feuerwehrseelsorge-Team
Mobile Nachsorge   Krisendienst   Kriseninterventionsteam
               Notfallseelsorge   Peer   Notfallpsychologen
    Notfallbegleitung   Mediatoren
                             Stressbearbeitung nach   Fachberater Notfallseelsorge
                             belastenden Ereignissen
SvD-Betreuerteam   Leitender Notfallseelsorger
                    Notfallpsychologische Einsatznachsorge   Seelsorge in FW und RD
    Psychosozialer Ansprechpartner   Polizeiseelsorge
                                                        Militärseelsorge
    Fachberater PSNV
                                              Einsatznachsorgeteam   Notfallhilfe
    Krisenintervention im Einsatzdienst   Notfallkrisenteam   PSU-Assistent
                                           Seelsorge in Notfällen
    Organisierte Personalunterstützung   CARE-Teams   Krisenhelfer
    bei Extremeinsätzen und Nachsorge
                                           Krisenintervention im Rettungsdienst

PSNV-Begriffe und die babylonische Sprachverwirrung

Um dieser Sprachverwirrung entgegenzutreten, können die Angebote
der PSNV zur Vereinheitlichung der Begrifflichkeit bezüglich ihrer Ziel-
gruppen in zwei Bereiche eingeteilt werden:

1. PSNV-B: Psychosoziale Notfallversorgung für Betroffene

Gemeint ist hier die psychosoziale Akuthilfe gegenüber Überlebenden, Angehörigen, Hinterbliebenen, Zeugen und/oder Vermissenden
gemäß der staatlichen Grundversorgung der Bevölkerung. Die Zuständigkeit liegt bei den Kreisen und kreisfreien Städten. Traditionell
übernehmen Notfallseelsorge, Kriseninterventionsteams (KIT) u.a.
diese Aufgabe.

2. PSNV-E: Psychosoziale Notfallversorgung für Einsatzkräfte.

Dieses oft auch als Nachsorge oder (in NRW) als psychosoziale Unterstützung (PSU) bezeichnete Angebot richtet sich an Einsatzkräfte

17

und umfasst neben der Einsatzbegleitung und Einsatznachsorge auch die Prävention. PSNV-E ist fester Bestandteil der **Fürsorgepflicht** der Arbeitgeber/Hilfsorganisationen gegenüber den eigenen haupt- und ehrenamtlichen Helfern bzw. **im Falle der Mobilen Retter: der Gebietskörperschaften.**[8] Hier sind in der Regel die Einsatznachsorgeteams der Hilfsorganisationen (ASB, DRK, JUH, Malteser), des THWs oder der Feuerwehr anzusiedeln.

Die nachstehende Grafik verdeutlicht im Sinne der hier vorgestellten Definitionen die Gesamtstruktur und PSNV-Maßnahmen für Einsatzkräfte vor, während und nach belastenden Einsätzen.[9] Eine Verortung der PSNV-E Angebote für die Mobilen Retter gemäß dieser zeitlichen Dimensionen findet in Kapitel 3 statt.

---

[8] Vgl. Bundesamt für Bevölkerungsschutz und Katastrophenhilfe (BBK) (Hrsg.) (^{3}2012), 40. Siehe diesbezüglich auch das Schreiben des Innenministeriums Schleswig-Holsteins: URL: https://www.lfs-sh.de/Content/IMSH/PSNV_20121031.php [03.03.2019]. Trotz des Konsensus-Prozesses unter Federführung des BBK hat sich der vereinheitlichte Begriffsgebrauch nicht flächendeckend durchgesetzt.

Die Bedeutung der Fürsorge wird auch durch die aktuelle Untersuchung von Wild u.a. hervorgehoben, da als Ergebnis der Studie die Fürsorgekultur der Organisation nebst des medizinisch-praktischen Kompetenzerwerbs als die beiden gesicherten Resilienzfaktoren für First Responder herausgestellt werden: Vgl. Wild, J./ Greenberg, N./ Moulds, M.L./ Sharp, M.-L./ Fear, N./ Harvey, S./ Wessely, S./ Bryant, R.A. (2020), bes. 10f..

[9] Grafik aus: Helmerichs, J./ Karutz, H./ Gengenbach O./ Richwin, R. (2016):, 46.

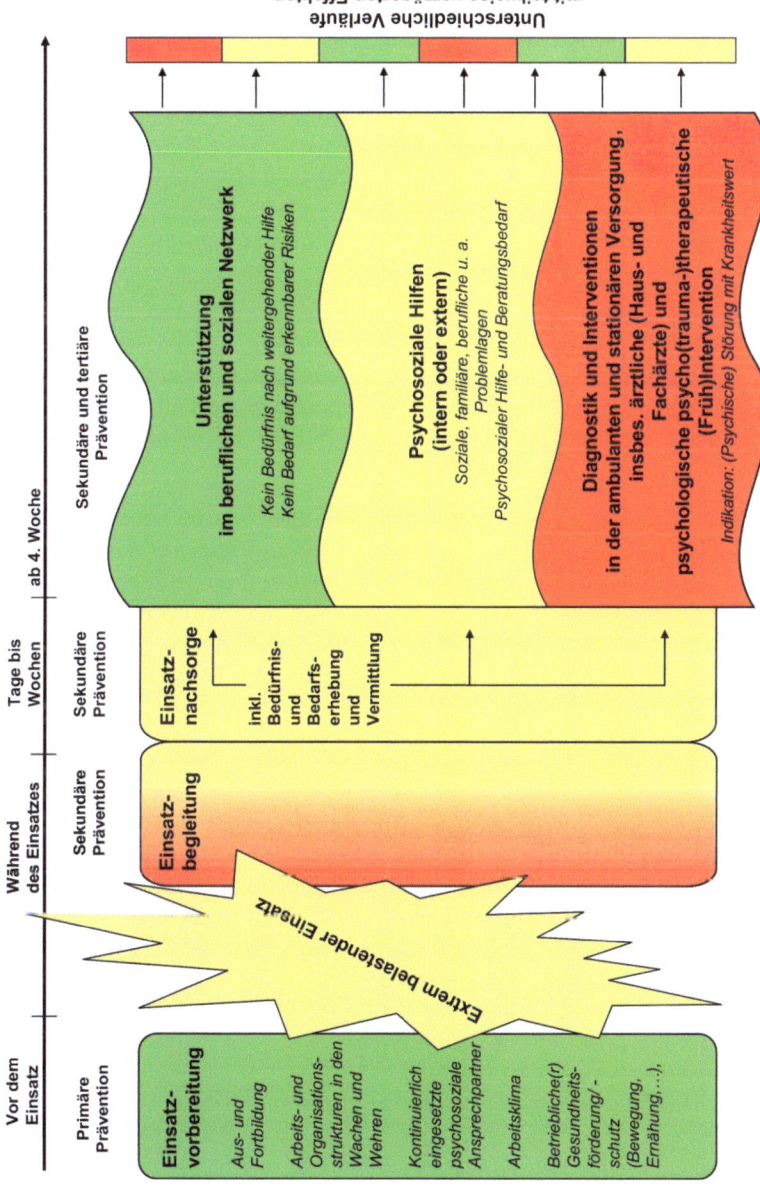

Abbildung 1: PSNV-Maßnahmen für Einsatzkräfte vor, während und nach belastenden Einsätzen
© Bundesamt für Bevölkerungsschutz und Katastrophenhilfe: Konsensus-Konferenz 2008 (modifiziert 2010)

19

Mit Blick auf eine mögliche irritierende Begrifflichkeit seien hier noch zwei weitere Hinweise erlaubt:

Der Begriff der *Prävention* mag in dieser Grafik zumindest auf den ersten Blick im Zusammenhang mit der sekundären und tertiären Prävention irritieren, da Prävention doch eigentlich vorbeugend ist, diese beiden Formen aber erst *nach* dem belastenden Einsatz stattfinden. Dies lässt sich mit Blick auf das DSM IV[10] erklären: Da bei einer Symptomatik von mehr als drei Monaten die Prognose ungünstig wird und eine Chronifizierung zu erwarten ist, hat das DSM IV die Schwelle von drei Monaten als Zeitkriterium zum Übergang von einer akuten zur chronischen PTBS festgelegt. Alle Maßnahmen, die vor diesem Zeitfenster liegen, werden in der Forschung häufig als Frühintervention (= Prävention) bezeichnet, da sie gerade einer solchen Chronifizierung der Symptomatik vorbeugen wollen.[11] In diesem Sinne schreibt Krüsmann:

„Unter Primärer Prävention wird das Eingreifen, die Unterstützung vor dem Auftreten eines belastenden Ereignisses im Sinne einer Vorsorgemaßnahme verstanden. Sekundäre Prävention beschreibt das Eingreifen eng nach dem Auftauchen erster Belastungen, mit dem Ziel, eine Erkrankung zu verhindern. Tertiäre Prävention, die auch als Rehabilitation bezeichnet werden kann, kennzeichnet das Eingreifen nach der Ausbildung einer manifesten Störung, mit dem Ziel, vorhandene Symptome zu mildern und die Chronifizierung zu verhindern."[12]

Darüber hinaus suggeriert der Begriff der *Einsatznachsorge* als häufiges Synonym für PSNV-E, dass sich diese nur auf die Zeit nach dem Einsatz beziehe. De facto ist dies aber nicht so gemeint: Die Einsatznachsorgeteams betonen selbstverständlich auch die Bedeutung der Prävention, im Sinne einer Vorbereitung auf belastende Einsätze, und verstehen diese als Teil ihrer Arbeit.

---

[10] Das DSM (= *Diagnostic and Statistical Manual of Mental Disorders*) ist das Klassifizierungssystem psychischer Störungen der *American Psychiatric Association*. Siehe auch Fußnote 43.

[11] Vgl. Maercker, A. (Hrsg.) (³2009), 164. Siehe auch: Frommberger, U. / Maercker, U. (2019), 286.

[12] Krüsmann, M. (2012), 73.

1.3 PSNV-Ebenen bei den Mobilen Rettern

Im Sinne einer ersten Annäherung werden an dieser Stelle lediglich drei Ebenen der PSNV bei den Mobilen Rettern unterschieden, die sich aus dem Handeln unterschiedlicher Akteure ergeben. Viele der hier genannten Einzelaspekte – insbesondere das mehrmaschige Netz der PSNV – werden in Kapitel 3 weiter entfaltet.

	Lehrkräfte	Voraussetzungen / Inhalte	Aufgaben
1. Mobile Retter (obligatorisch)	Multiplikatoren regionales Nachsorgeteam Trainer Mobile Retter	Registrierung und Training als Mobiler Retter Einführung zu Belastungsreaktionen/-situationen (15-30 Min.)	Selbstfürsorge
(fakultativ) Modul *Gesprächsführung*	Multiplikatoren regionales Nachsorgeteam	Baustein Gesprächsführung (z.B. 2-4 UE)	Grundbetreuung Angehörige
Modul *Hilfe für Einsatzkräfte*	Multiplikatoren regionales Nachsorgeteam	Baustein PSNV-E: Information & Prävention (z.B. 2-4 UE)	Selbstfürsorge
2. Regionales Nachsorgeteam	Multiplikatoren ggf. externe Fachleute	Kurs *Mitglied regionales Nachsorgeteam* (Grundmodul ca. 15-20 UE – Aufbaumodule möglich)[13]	Kollegiale Nachsorge (z.B. via Telefon)
3. Multiplikatoren	Externe Fachleute qualifizierte Multiplikatoren	a) PSNV-E-Ausbildung b) methodisch-didaktische Grundkenntnisse (z.B. Ausbilder HiOrg, LRA/Praxisanleiter, Pädagogen, Lehrer…)	Aus- & Fortbildung *Mitglied regionales Nachsorgeteam* Kollegiale Nachsorge (z.B. via Telefon)

---

[13] Vergleichbare Ausbildungen der Hilfsorganisationen, der Feuerwehr u.a. werden anerkannt. Ebenfalls anerkannt werden die Ausbildung für betriebliche psychologische Erstbetreuung, sofern sie sich an den Vorgaben der DGUV orientieren. Vgl. Deutsche Gesetzliche Unfallversicherung e.V. (Hrsg.) (2017): DGUV Grundsatz 306-001, 10f. und Dies. (2017): DGUV Information 206-023, 9f..

1. Ebene: *Die Mobilen Retter selbst* können in ihren Einsätzen sowohl mit ihrer eigenen Belastung als auch mit den Belastungen von Angehörigen und anderen Personengruppen konfrontiert sein.[14] Basale Informationen zu Belastungssituationen und -reaktionen sowie zum Umgang damit sollte daher möglichst jeder Mobile Retter in seiner Erst-Einweisung erhalten. Diese Psychoedukation ist Teil eines mehrmaschigen Netzes der PSNV. Mit Hilfe dieses Netzes soll verhindert werden, dass ein Mobiler Retter, selbst wenn er nach einem belastenden Einsatz durch die eine oder andere Masche dieses Netzes fallen sollte, letztlich auf sich allein gestellt ist. Daher gilt dieses Netz als zentrales Moment und muss, damit es funktioniert, allen Mobilen Rettern gegenüber kommuniziert werden – auch in seiner Bedeutsamkeit:

1. Die meisten Mobilen Retter gehören einer Organisation an, über die die Möglichkeit besteht, **organisationseigene Nachsorgeangebote** zu nutzen.

2. Grundlegende **Informationen** zu belastenden Einsätzen und möglicherweise damit einhergehenden Belastungssymptomen sind dem Nachsorge-Flyer zu entnehmen, der somit u.a. der **Selbstvorsorge/-fürsorge** dient. Zu diesem psychoedukativen Teilbereich gehört auch die Möglichkeit, die Mobilen Retter bei der Erst- Einweisung oder im Rahmen fakultativer Fortbildungsangebote über den Umgang mit Belastungssituationen zu schulen. (Vgl. hierzu Kapitel 3.1 des Buches.)

3. Die E-Mail-Adresse des **regionalen Nachsorgeteams** ist ebenfalls auf dem Flyer vorhanden. Auf diese Weise kann der Mobile Retter sehr schnell einen persönlichen Kontakt zum regionalen Einsatznachsorgeteam der Mobilen Retter via E-Mail und Telefonrückruf herstellen. Einige Regionen haben neben der E-Mail-Adresse auch eine Telefonnummer abgedruckt.

Abhängig von der Region besteht eine Absprache mit den bereits etablierten PSNV-E-Teams der aktiven Landkreise und kreisfreien Städte, so dass diese die zuvor genannte Aufgabe übernehmen oder als zusätzliche Ansprechpartner für die Mobilen Retter fungieren.

---

[14] Vgl. Kap. 2.2.

Im Vorgriff auf die nachfolgenden Abschnitte sei als Besonderheit darauf hingewiesen, dass das regionale Einsatznachsorgeteam von sich aus die Mobilen Retter nach den Einsätzen telefonisch kontaktiert. Diese Telefonate orientieren sich an einem eigens dafür entwickelten Nachsorgeprotokoll.

4. Ebenfalls auf dem Flyer zu finden ist die Telefonnummer der **PSNV-Hotline der Malteser**, die auch für die Mobilen Retter rund um die Uhr ein Nachsorgeangebot anbieten. (Siehe dazu ausführlich Kapitel 3.3.1)

2. Ebene: Nach einem Einsatz werden die ehrenamtlichen Helfer – wie zuvor angedeutet – von Mitgliedern des **regionalen Einsatznachsorgeteams** der Mobilen Retter telefonisch kontaktiert. Dies sollte eigentlich nach jedem Einsatz geschehen. Abhängig von der Größe des regionalen Teams kann es jedoch sein, dass der telefonische Kontakt selektiv stattfindet – abhängig vom Einsatzstichwort oder Protokoll des Mobilen Retters, welches nach dem Einsatz in der App ausgefüllt werden sollte. Die Mitglieder dieses Teams benötigen solide Kenntnisse auf dem Gebiet der PSNV, um Belastungen zu erkennen, auf diese eingehen und weitere Angebote unterbreiten zu können. Die Teammitglieder können ebenfalls die Ausbildungseinheit zu Belastungsreaktionen/-situationen in der Erst-Einweisung der Mobilen Retter übernehmen. Sofern die „normalen" Trainer diese Schulung übernehmen, sollten sie selbst darin eingewiesen sein.[15]

3. Ebene: Auf dieser Ebene sind umfangreich ausgebildete PSNV-Kräfte anzusiedeln, die **als Multiplikatoren** die regionalen Teammitglieder schulen und weiterführende Nachsorgeangebote durchführen können.

---

[15] Weitere Details hierzu siehe in Kapitel 3.2.

2 Mobile Retter in Situationen psychosozialer Herausforderungen

In den nachfolgenden Kapiteln werden einige Grundlagen der PSNV entfaltet. Manche Passagen sind allgemein gehalten, insofern es dort um grundsätzliche wissenschaftliche Erkenntnisse geht. Diese dienen dann dem Gesamtverständnis und/oder sie tragen dem Rechnung, dass der Mobile Retter zugleich auch noch anderweitig Einsatzkraft ist. Wo es als sinnvoll und notwendig erscheint, findet eine Konkretisierung auf die Mobilen Retter statt.

2.1 Belastungen durch den Umgang mit belasteten Angehörigen und weiteren Betroffenen

In seinem Einsatz trifft der Mobile Retter immer wieder auf Personen, die aufgrund der Notfallsituation akut belastet sind. Zu diesem Personenkreis gehören z.b. die unmittelbaren Angehörigen, Ersthelfer, Nachbarn, Zeugen, aber auch Einsatzkräfte. Belastungen können sich hier aus unterschiedlichen Situationen ergeben. Exemplarisch seien genannt

- das plötzliche Ereignis selbst (z.b. der akute Herzstillstand),
- die Hilflosigkeit,
- die Schuldgefühle,
- die Anwesenheit bei der befremdlich wirkenden Reanimation,
- die Todesnachricht,
- das Erleben von Trauerreaktionen usw..

Eine Steigerung der Belastung, die oftmals als Kontrollverlust erlebt wird, kann sich für die Angehörigen schnell nach einer erfolglosen Reanimation im häuslichen Kontext ergeben, sofern der Notarzt eine unklare Todesursache bescheinigen muss. Diese zieht nach sich, dass die Polizei hinzugezogen werden muss, die Wohnung quasi zu einem potentiellen Tatort und der Leichnam beschlagnahmt wird. Die Handlungsspielräume der Angehörigen werden dadurch extrem eingeschränkt – selbst die Abschiednahme vom Verstorbenen steht ihnen nicht ohne Weiteres zu. Die Situation in und vor der Wohnung wird mitunter als undurchschaubar und unangenehm beschrieben: Neben Mobilem Retter, NEF- und RTW[16]-Besatzung kommen nun mit der Polizei, der Kriminalpolizei und den Bestattern noch weitere unbekannte Personen in die Wohnung. Zudem wirkt das Zusammenkommen der unterschiedlichen Fahrzeuge der Personengruppen befremdlich – auch mit Blick auf die befürchtete Wirkung auf die Nachbarschaft: „Was sollen denn die Nachbarn denken, wenn jetzt auch noch die Polizei vor der Tür steht?" – so eine Angehörige.

In dieser Situation brauchen insbesondere Angehörige ein Unterstützungsangebot. Der Mobile Retter ist i.d.R. nicht adäquat ausgebildet in dem Bereich der PSNV-B und es gehört auch nicht zum Konzept der Mobilen Retter, dass diese Kriseninterventionsmaßnahmen übernehmen sollen. Dennoch hat sich herauskristallisiert, dass viele der ehrenamtlichen Helfer der Tätigkeit eines psychologischen Ersthelfers nachkommen und weitere Hilfe initiieren.[17] So kann der Mobile Retter einerseits für die Aktivierung eines sozialen Netzwerks sorgen, indem er zusammen mit den Betroffenen Unterstützer aus deren Umfeld organisiert. Auch hier ist dem Aspekt der Selbst- und Fremdgefährdung Sorge zu tragen, denn wenn z.B. ein weiterer Angehöriger verständigt wird, muss sichergestellt sein, dass sich dieser nicht in einer gefährdenden Situation befindet (z.B. im PKW auf der Autobahn) und dieser selbst auch sicher zum Einsatzort kommen kann. Hier muss also vorausschauend gedacht werden.

---

[16]   NEF = Notarzteinsatzfahrzeug, RTW = Rettungstransportwagen.

[17]   Vgl. zur Psychischen Erste Hilfe die vier Grundregeln für Laienhelfer und die elf Regeln für Rettungsdienstmitarbeiter in: Lasogga, F./ Gasch, B. (Hrsg.) (²2011), 73-84. Die vier Grundregeln für Laienhelfer lauten dort: 1. „Sage, dass Du da bist und dass etwas geschieht!", 2. „Schirme den Verletzten vor Zuschauern ab!", 3. „Suche vorsichtig Körperkontakt!", 4. „Sprich und höre zu!". Ganz ähnlich heißen die Grundregeln bei Ernst, H. (2010), Folie 22: Sichern (Das Bedürfnis nach Sicherheit), Sprechen (Das Bedürfnis nach Kontakt), Schützen (Das Bedürfnis nach Schutz), Stützen (Das Bedürfnis nach Unterstützung). Die WHO setzt etwas andere Schwerpunkte und spricht von den vier Grundregeln 1. „respect safety, dignity and rights", 2. „adapt what you do to take account of the person's culture", 3. „be aware of other emergency response measures", 4. „look after yourself". In: World Health Organization (2011), 8-12.

Eine weitere Hilfeleistung kann in der Aktivierung der Fachkräfte aus dem Bereich PSNV-B bestehen (also Notfallseelsorge/Kriseninterventionsteam). Diese werden üblicherweise von der Leitstelle angefordert, so dass der Mobile Retter mit dem Notarzt bzw. der Leitstelle Rücksprache halten sollte, dass diese verständigt werden, sofern dies nicht ohnehin bereits geschehen ist. Gerade im Falle einer „unklaren Todesursache" können diese Fachkräfte eine Brücke zu den kriminalpolizeilichen Angelegenheiten herstellen und z.b. eine Abschiednahme mit begleitenden Ritualen ermöglichen. Da die Betroffenen selbst unter Schock stehen und wohl kaum die Arbeitsweise und Chancen einer notfallseelsorglichen Begleitung einzuschätzen wissen, macht die Frage, ob sie denn möchten, dass die Notfallseelsorge verständigt werde, wenig Sinn. Ggf. stoßen sich die Betroffenen sogar an der religiös konnotierten Begrifflichkeit.[18]

Zuletzt sei noch darauf hingewiesen, dass es eine große Hilfe sein kann, wenn der Mobile Retter in aktuellen Belangen einen klaren Kopf behält und für die Betroffenen mitdenkt:

Muss aktuell irgendetwas erledigt werden - z.b. die Kinder abgeholt werden? Wenn der Betroffene das Haus verlässt: Hat er einen Schlüssel und ggf. ein Handy eingesteckt? Kann er Auto fahren oder gibt es jemanden, der ihn fahren könnte? Ist der Herd ausgestellt? Sind alle Fenster geschlossen? usw..

Auf diese Weise kann der Mobile Retter die Belastungen der Angehörigen wahrnehmen und helfend auf sie reagieren. Für ihn selbst stellt all dies mitunter eine (zusätzliche) Bürde dar. Sofern er hier nicht auf Erfahrungswerte und Ressourcen zurückgreifen kann, kann diese Form der Belastung sogar weit größer sein als die des eigentlichen medizinischen Notfalls.

---

[18] Diese Bedenken können schnell ausgeräumt werden, da Notfallseelsorge vielfach zwar religiöse Hintergründe hat und auch religiöse Rituale bereithält, aber sich in der Begleitung auf die Betroffenen und deren (nicht)religiöse Weltanschauung einstellt.

2.2 Belastende Einsätze für die Mobilen Retter

Wann ein Einsatz ein belastender Einsatz ist, das lässt sich nicht pauschal beantworten! Die äußeren Ereignisse eines Einsatzes selbst sind in der Entwicklung von Extrembelastungen auf jeden Fall nur ein Faktor unter vielen und es gibt kein Ereignis, das per se zu einer Belastungssymptomatik oder gar Traumatisierung führt. Im Grunde wissen wir dies bereits aus unserer Alltagserfahrung: Etwas, das für Person X schwer belastend ist, kann Person Y gut verarbeiten – aber auch umgekehrt. Andreas Maercker fasst die Einflussfaktoren für eine Belastungsreaktion auf drei zeitlichen Ebenen zusammen[19]:

1. Im Einsatz selbst wird die Einsatzkraft mit bestimmten Ereignisfaktoren konfrontiert.

2. Jede Einsatzkraft geht aber bereits mit bestimmten Risiko- und Schutzfaktoren in einen Einsatz. Diese Faktoren verstärken oder mindern die empfundene Einsatzbelastung.

3. Nach einem belastenden Einsatz können die Einsatzkräfte ggf. auf positive Ressourcen im Umgang mit Belastungen zurückgreifen, um das Ausmaß der Belastungen abzufedern, oder aber es liegen gewisse Risikofaktoren vor, die die bereits entstandene Belastung aufrechterhalten.

Auf diese Aspekte zum belastenden Ereignis sowie zu den eigenen Ressourcen wird in den beiden nachfolgenden Kapiteln genauer eingegangen, bevor anschließend mögliche Belastungsreaktionen in ihrer Symptomatik detaillierter erläutert werden.

---

[19] Vgl. Maercker, A. (Hrsg.) (^{3}2009), 34-37.

2.2.1 Belastende Ereignisse

> *Beispiel 1:* Die Sanitäterin (25 Jahre) wird unmittelbar vor einem Familienausflug als Mobile Retterin zu einer Reanimation in Wohnortnähe gerufen. Sie trifft, zu ihrer Überraschung, auf eine suizidierte Person, die sich erhängt hat. [20]

Zweifelsohne gibt es für Einsatzkräfte eine Vielzahl von Belastungen im Einsatz. Viele belastende Erlebnisse sind im Grunde kaum der Rede wert und können schnell bewältigt werden. Es gibt aber auch eine Reihe von Ereignissen, die von einer Vielzahl von Menschen nicht ohne Weiteres bewältigt werden können. Welche Ereignisse sind es, die besonders belasten können?

Die Häufigkeit, in der ein Ereignis innerhalb der Gesellschaft vorkommt, steht in keiner direkten Beziehung zum Ausmaß der Belastung. D.h. nur weil etwas selten oder häufig passiert, ist diese Begebenheit nicht automatisch belastend. Der Verbreitung von Ereignissen kommt jedoch dann eine Relevanz zu, wenn man dadurch wiederholt mit einem als stark belastendend erlebten Ereignis konfrontiert wird – und das ist bei Mobilen Rettern und anderen Einsatzkräften durchaus der Fall. Hinzmann et al. weisen dementsprechend darauf hin:

„Dass Mitarbeiter in helfenden Berufen zu einer Hochrisikogruppe hinsichtlich der Entwicklung psychischer Belastungen zu zählen sind, wird schon seit den 1990er Jahren beschrieben […] Dies bedeutet aber nicht, dass diese Personengruppe besonders vulnerabel wäre. Professionelle Helferinnen und Helfer sind durchaus hoch resilient, aber durch die überdurchschnittlich häufige Konfrontation mit potentiell traumatisierenden Ereignissen (PTE) besteht

---

[20] Suizid gehört nicht zu den Einsatzindikationen der Mobilen Retter! Dass dennoch eine Alarmierung bei Suizid stattgefunden hat, kann sowohl damit zusammenhängen, dass die Einsatzlage durch den Anrufer nicht eindeutig abgebildet wurde. Es könnte jedoch auch daran liegen, dass die Alarmierungsalgorithmen der Leitstelle für einzelne Einsatzsituationen nachjustiert werden müssen.

Alle aufgeführten Bespiele stammen aus Realeinsätzen der Mobilen Retter. Sie sind zur Gewährung der Anonymität leicht verändert worden, ohne die grundlegenden Fakten zu verfälschen.

trotz hoher Belastbarkeit die Gefahr einer psychischen Überlastung mit potentiellem Krankheitswert."[21]

Insgesamt lassen sich unterschiedliche Belastungsgrade punktueller oder länger andauernder/sich wiederholender Ereignisse festmachen, wie die nachstehende Tabelle exemplarisch verdeutlicht.[22]

Beispiele für verschiedene Schweregrade psychosozialer Belastungsfaktoren bei Erwachsenen		
Begriff	**akute Ereignisse**	**länger andauernde Lebensumstände**
leicht	• Auseinanderbrechen der Freundschaft mit Freund oder Freundin • Schulbeginn oder -abschluss • Kind verlässt Elternhaus	• familiäre Streitigkeiten • Unzufriedenheit mit der Arbeit • Leben in einer Wohngegend mit hoher Kriminalität
mittel	• Heirat • Trennung vom Ehepartner • Arbeitsplatzverlust, Pensionierung • Misserfolge	• Eheprobleme • schwerwiegende finanzielle Probleme • Ärger mit dem Vorgesetzten • alleinerziehender Elternteil
schwer	• Scheidung • Geburt des ersten Kindes	• Arbeitslosigkeit • Armut
sehr schwer (extrem)	• Tod eines nahen Verwandten • Diagnose einer schweren körperlichen Erkrankung • Opfer einer Vergewaltigung	• eigene schwere chronische Erkrankung oder Erkrankung eines Kindes

---

[21] Hinzmann, D./ Schießl, A./ Koll-Krüsmann, M./ Schneider, G./ Kreitlow, J. (2019), 97.

[22] Tabelle nach: Möller H.-J./ Laux G./ Deister A. (⁴2009), 234. Vgl. auch Pausch, M.J./ Matten (S.J.) (2018), 5.

Im ICD-11, das seit Mitte 2018 gültig ist, spiegelt sich diese Unterscheidung von punktueller und sich wiederholender/ lang andauernder Belastung in der Unterscheidung von der „klassischen" Posttraumatischen Belastungsstörung (PTBS) und der „komplexen PTBS" weitgehend wider.

katastrophal	• Tod eines Kindes
	• Selbstmord eines nahen An-
	  gehörigen
	• verheerende Naturkatastrophe
		• fortwährende Misshandlun-
		  gen oder sexueller Miss-
		  brauch
		• Gefangennahme als Geisel
		• Erfahrungen im Konzentrati-
		  onslager

Einen Automatismus zwischen diesen Ereignissen und psychischen Belastungsstörungen gibt es zwar nicht, die „Wahrscheinlichkeit der Entwicklung einer Belastungsreaktion steigt jedoch je nach Schwere und Art des traumatischen Erlebnisses. Von Menschen zugefügte Gewalt, und vor allem sexuelle Gewalt, geht in einem weit höheren Ausmaß mit negativen Folgeerscheinungen einher. Bei einer erlebten Vergewaltigung entwickelt mehr als die Hälfte der Betroffenen (55%) eine Belastungsstörung. Auch bei Misshandlung und Vernachlässigung als Kind sind die Folgestörungen hoch. Viel seltener sind psychische Folgestörungen nach Unfällen (7%) oder bei Überlebenden einer Naturkatastrophe (4,5%)"[23].

Art des Traumas	Häufigkeit einer PTBS
Vergewaltigung	37,5 – 55,5%
Krieg	7,9 – 38,8%
Misshandlung als Kind	30,6 – 35,4%
Vernachlässigung als Kind	21,8%
Waffengewaltandrohung	17,2%
Körperliche Gewalt	1,7 – 11,5%
Unfälle	7,6 – 12,8%
Zeuge von Unfällen, Gewalt	7,0%
Feuer/Naturkatastrophen	4,5%

---

[23] Zitiert aus: Schellong J. (2015), 334; [nebenstehende Tabelle: 335].

Nicht alle der hier genannten Belastungsfaktoren betreffen die Einsatzkräfte und schon gar nicht die Mobilen Retter: Aus der Reihe der Belastungsfaktoren für diese Personengruppe[24] seien hier drei exemplarisch herausgenommen, die für die Mobilen Retter besonders relevant sein können:

- Notfallsituationen mit physisch betroffenen Kindern werden von den meisten Einsatzkräften als stark belastend empfunden. Ähnliches gilt für die Konfrontation mit trauernden Kindern.

> *Beispiel 2: Der erfahrene Feuerwehrmann (43 Jahre) wird auf dem Heimweg als ersteintreffender Mobiler Retter zur Reanimation eines Kleinkindes alarmiert (erfolglose Reanimation).*

- Die erfolglose Reanimation des Helfers kann zu Ohnmachtsgefühlen führen: Ist der Helfer doch gerufen worden und motiviert an's Werk gegangen, um zu helfen, so kann in diesem Falle beim Helfer der Eindruck entstehen, versagt zu haben. (Das Beispiel 2 spiegelt auch diesen Belastungsfaktor wider.)

- Da für viele ehrenamtliche Helfer die Reanimation keine alltägliche Erfahrung ist, fehlt ihnen mitunter ein gewisses Maß an Routine. Der daraus resultierende erhöhte Stresslevel in Kombination mit einem gesteigerten Maß an Unsicherheit kann zum Gefühl der Überforderung oder Ohnmacht führen.

> *Beispiel 3: Der Sanitäter (55 Jahre) wird nach erfolgloser Reanimation vom Notarzt gefragt, ob alles in Ordnung sei. Dies bejaht er wahrheitsgemäß. Einige Tage später meldet er sich jedoch, weil er sich Vorwürfe macht, ob er nicht doch noch hätte etwas besser machen können.*

---

[24] Vgl. Helmerichs, J./ Karutz, H./ Gengenbach O./ Richwin, R. (2016), 9-11.

> *Beispiel 4*: Der Notarzt (50 Jahre), der gerade in seiner Frei-
> zeit privat unterwegs ist, wird als Mobiler Retter zu einer Re-
> animation alarmiert. Er berichtet anschließend, dass er sich
> ohne das übliche zur Verfügung stehende medizinische
> Equipment „nackt" und verunsichert gefühlt habe.

- Ein besonderes psychisches Belastungspotential ergibt sich aus dem Konzept der Mobile-Retter-Alarmierung selbst.
Aus medizinischer Sicht liegt die Stärke des Systems gerade darin, dass die Helfer nur zu Einsätzen in ihrer unmittelbaren Umgebung alarmiert werden, da eben durch das frühe Eintreffen am Notfallort die Verkürzung des therapiefreien Intervalls und somit ein besseres Patienten-Outcome möglich sind. Die Auswertung der Mobilen Retter Einsätze zeigt, dass die Helfer in ca. der Hälfte aller Fälle zuhause alarmiert werden und die Einsatzorte folglich eine räumliche Nähe zu ihrer Heimatadresse aufweisen. Auf diese Weise werden Mobile Retter im Nachhinein regelmäßig mit ihren Einsätzen konfrontiert.

> *Beispiel 5*: Ein Mobiler Retter (40 Jahre) wies im Gespräch
> darauf hin, dass er die Alarmierung bei sich zuhause auf
> „pausieren" gestellt habe, da er es bereits aus anderen
> Kontexten (Feuerwehr/Rettungsdienst) kenne, ständig mit
> „belasteten Orten" in seiner Nähe konfrontiert zu werden.
> Dies habe bereits dazu geführt, dass er die Tätigkeit als
> First-Responder eingestellt habe.

Zudem ist es nicht unwahrscheinlich, dass sie in ihren Einsätzen auch auf ihnen bekannte Personen treffen. Auf die damit verbundene außergewöhnliche Belastung durch den Kontakt mit bekannten Opfern und Angehörigen hat bereits Karutz hingewiesen. Er macht deutlich, dass eine solche Begegnung zum Beispiel

- in Situationen, wo schnelles Handeln notwendig ist, zu Denkblockaden und Ablenkungen,
- zum Verlust der professionellen Distanz und zur intensiven emotionalen Verstrickung,

33

- zum Handlungs- und Erfolgsdruck bei den durchzuführenden Maßnahmen,
- zu Rechtfertigungszwängen gegenüber Angehörigen führen kann.[25]

Soweit zur Bedeutung von Ereignissen für die Entwicklung einer Belastungsreaktion.

---

[25] Karutz, H. (2011), 840f. Hier weist Karutz auch auf Einsatzkräfte hin, die aus eben diesen Gründen bewusst ihren Arbeitsplatz auf einer Rettungswache jenseits ihres Wohnumfelds wählen.

2.2.2 Risiko- und Schutzfaktoren / Maßnahmen[26]

Es ist für Einsatzkräfte allerdings wichtig zu wissen, dass Belastungen nicht unmittelbar aus der Wahrnehmung eines Ereignisses resultieren, sondern stark von deren Bewertung und Verarbeitung abhängen. Anke Ehlers fasst die Ergebnisse einer Studie der Universität Oxford zu Rettungsdienstkräften in Ausbildung daher so zusammen: „Es sind also weniger die belastenden Ereignisse an sich, die eine psychische Störung vorhersagen, sondern mehr die eigenen Denkmuster und der individuelle Umgang mit diesen Erfahrungen."[27] Etwas allgemeiner formuliert heißt dies – wie oben bereits gesagt wurde: Die Risiko- und Schutzfaktoren, mit denen jemand in einen potentiell belastenden Einsatz geht, und die Muster, die dessen Umgang mit belastenden Situationen kennzeichnen, entscheiden wesentlich darüber, ob eine mittel- oder langfristige Belastung entsteht.

Um welche Faktoren handelt es sich dabei? Ein Blick in die wissenschaftliche Diskussion zeigt, dass man sich sowohl hinsichtlich der *Risiko- und Schutzfaktoren* als auch über wirksame *Prävention und Nachsorge* recht uneins ist.[28] Dennoch sollen im Folgenden einige als hilfreiche gekennzeichnete Aspekte aus diesen beiden Bereichen genannt werden.

Risiko- und Schutzfaktoren

Es gibt eine Reihe von Faktoren, die nicht oder kaum beeinflussbar sind, wie z.B. Vorbelastungen durch vergangene Traumata, biologische Prozesse (hormonelle und neuronale Verarbeitung von Stress),

---

[26] Vgl. hierzu insgesamt: Helmerichs, J./ Karutz, H./ Gengenbach O./ Richwin, R. (2016), 34-65. Maercker, A. (Hrsg.) (³2009), 34-37, 70-74 und 164-176. Lasogga, F./ Gasch, B. (Hrsg.) (²2011), 45-52, 132-152 und 163-180.

[27] Originalstudie: Wild, J./ Smith, K./ Thompson E./ Béar, F./ Lommen, M.J.J. / Ehlers A. (2016). Zitiert nach URL: https://www.dgps.de/index.php?id=143&tx_ttnews%5Btt_news%5D=1720&cHash=04e984ef231e3b271a9b1aec4ca018b6 [03.03.2019].

[28] Vgl. zur Diskussion z.B. Maercker, A. (Hrsg.) (³2009), 164-167 und 170. Lasogga, F./ Gasch, B. (Hrsg.) (²2011), 51f., 163f. und 172ff.. Mitchell, J. T./ Everly G. S. (²2005), bes. 75-91.

das Geschlecht und Alter. Im Nachfolgenden stehen die Aspekte im Vordergrund, die (weitgehend) beeinflussbar sind. Dabei versteht es sich von selbst, dass sich die Risiko- und Schutzfaktoren so zu einander verhalten, dass sie in der Regel die gleiche Sache mit umgekehrten Vorzeichen kennzeichnen. In den nachfolgenden Beschreibungen wird der Fokus auf die positive Ausrichtung der Schutzfaktoren gelegt.

Sinnvoll ist es, an diesen Schutzfaktoren regelmäßig zu arbeiten. Mit ihnen verhält es sich ähnlich wie mit dem Sport: Fitness entsteht nicht durch singuläre Höchstleistungen, sondern durch regelmäßiges Training.

Faktoren im Vorfeld eines belastenden Einsatzes:

☑ Eine gute fachliche Vorbereitung minimiert die Belastung und beugt dem Gefühl der Überforderung vor.

Die Mobilen Retter bringen bereits (sehr unterschiedlich ausgeprägte) Kompetenzen aus dem Gesundheitsbereich und dem Einsatzwesen mit. Mag die Gesundheits- und Krankenpflegerin medizinisch hinreichend geschult sein, so kann ihr jedoch mitunter eine Alarmierung im privaten Bereich fremd sein. Bei dem ein oder anderen Feuerwehrmann mag dies genau umgekehrt der Fall sein. Daher ist es nicht nur im Sinne des Patienten, sondern auch im Sinne des Retters wichtig, bei den Trainings der Mobilen Retter sowohl einsatztaktisch als auch medizinisch fundiert geschult zu werden, um Stressoren zu minimieren.[29]

☑ Eine mentale Vorbereitung auf die Einsatzsituation kann stressmindernd wirken.

Dies kann z.B. im Vorfeld oder auf der Anfahrt stattfinden durch u.a. das Durchspielen der Algorithmen und die Bewusstmachung der begrenzten Einsatzzeit bis zur Ablösung durch den Rettungsdienst.

☑ Eine positive Selbsteinschätzung und ein(e) sinnstiftende(s) Lebenseinstellung/Weltbild können dazu beitragen, Belastungen

---

[29] Vgl. Wild, J./ Greenberg, N./ Moulds, M.L./ Sharp, M.-L./ Fear, N./ Harvey, S./ Wessely, S./ Bryant, R.A. (2020), bes. 10f..

anders wahrzunehmen – z.B. als Herausforderung. Die regelmäßige Schaffung und das Bewusstmachen positiver Ereignisse tragen hierzu bei.

☑ Eine gesunde Ernährung und ein gewisses Maß an körperlicher Fitness fördern ebenfalls die Fähigkeit, Belastungen besser Stand zu halten.

Faktoren nach einem belastenden Einsatz:

☑ Das Nutzen von Ritualen kann die Rückkehr in den Alltag vereinfachen.

Hier können die Helfer sicherlich auf die Ressourcen zurückgreifen, die ihnen beruflich und privat vertraut sind. Zuweilen reichen ganz einfache Dinge dazu aus: ein kurzes Gespräch mit dem Team des Rettungsdienstes vor dessen Abfahrt, eine Tasse Kaffee, ein kurzer Spaziergang.

☑ Das Reflektieren des Erlebten auf der Sachebene dient dazu, um von der emotionalen Ebene wieder auf die rationale Ebene zurück zu kommen.

Dies kann jeder Helfer für sich in Form eines gedanklichen Spaziergangs machen oder z.B. im Gespräch mit einer vertrauten Person/einem anderen Mobilen Retter. Sofern hier keine persönlichen Daten mitgeteilt werden, bestehen auch keine Bedenken hinsichtlich des Datenschutzes.

☑ Die Möglichkeit, das eigene Empfinden zum Ausdruck zu bringen (im Malen, im Tagebuch…), trägt ebenfalls dazu bei, der Emotionalität Raum zu geben und Spannungen bzw. Belastungen abzubauen.

☑ Ein Aktiv-bleiben oder -werden kann dem Rückzug und dem Gefühl der Ohnmacht vorbeugen.

☑ Eine bewusste Freizeitgestaltung (Hobbys, Kino usw.) trägt zum Ausgleich und zur Stärkung bei.

☑ Die Anwendung erlernter Techniken z.B. zur Stressbewältigung kann die Belastungen minimieren.

Prävention und Nachsorge

Selbstverständlich besteht ein enger Zusammenhang zwischen den Präventionsmaßnahmen (sowie Nachsorgeangeboten) und den zuvor dargestellten Faktoren. Daher werden hier nur einige zentrale Aspekte genannt.

Einige Maßnahmen liegen *in der Verantwortung von Organisationen* (hier vom Mobile Retter e.V. bzw. den zuständigen Städten/Landkreisen):

☑ eine gute Vorbereitung auf den Einsatz.

Dies kann z.b. geschehen in Form von Aus- und regelmäßiger Fortbildung in Reanimationsmaßnahmen oder in Form von Einsatzsimulationen - z.B. in Übungen bzw. der Unterweisung der Nutzung der Selbsttestfunktion der Mobilen-Retter-App[30]. Diese Funktion ist insofern wichtig, da gerade unerfahrene Helfer auf diese Weise vertraut werden können mit den Alarmierungsdetails und dem Einsatzablauf.

☑ die Instruktion der beteiligten Institutionen und Mobilen Retter über den Ablauf, die Kooperation und die Aufgaben der jeweils Tätigen im Einsatz.

Die verbindliche Information über die Mobilen Retter auf der Jahrespflichtfortbildung für den Rettungsdienst hat im Kreis Gütersloh deutlich zum positiven Einsatzfeedback der Mobilen Retter beigetragen: Man fühlte sich wertgeschätzt, wurde in die Maßnahmen besser mit eingebunden und auch nach dem eigenen Wohlbefinden gefragt.

☑ die Wertschätzung des ehrenamtlichen Engagements seitens der Verantwortlichen.

☑ das Angebot von Nachsorgegespräche (z.B. nach den Standards von *Critical Incident Stress Management* (CISM) oder *„Stressbearbeitung nach belastenden Einsätzen"* (SbE)).

---

[30] Diese Selbsttestfunktion ist in der aktuellen Version der App (Stand 03.03.2019) leider nicht mehr enthalten. Eine Wiedereinführung ist wünschenswert.

Als individuelle Maßnahmen seitens des *Mobilen Retters selbst* seien hier aufgeführt:

☑ Das Gespräch suchen und sich „das Problem von der Seele reden".

Übereinstimmend werden in der Literatur das Vorhandensein eines sozialen Netzes und die Möglichkeit, über das vergangene Geschehen aber auch über die eigenen Reaktionen sprechen zu können, als zentrale entlastende Faktoren genannt.[31]

☑ aktiv bleiben oder werden.

☑ die Anwendung erlernter Techniken z.b. zum Entspannen (Atemübungen, Autogenes Training, progressive Muskelrelaxation usw.) oder zum Gedankenstopp bei sich belastend aufdrängenden Bildern.

☑ ausgleichende Momente zu schaffen im Vorfeld, aber auch nach einem Einsatz.

☑ gesunde Ernährung und körperliche Fitness zur Stärkung der physischen und psychischen Belastbarkeit.

☑ das Training einer realistischen, positiven Selbsteinschätzung zur Beförderung des Selbstbewusstseins und zur Vermeidung eines überhöhten Anspruchsdenkens.

☑ die Teilnahme am Einsatzabschluss des Rettungsdienstes vor Ort, um das Erlebte gemeinsam einsatztaktisch zu reflektieren und so besser in den Alltag zurückkehren zu können.

☑ Nachsorgegespräche nutzen, wie sie von fast allen Hilfsorganisationen, der Feuerwehr u.a. angeboten werden (z.B. nach den Standards von CISM/SbE).

Die Bedeutung der hier genannten Teilnahme an Einsatzabschlüssen und Nachsorgegesprächen darf nicht unterschätzt werden. Rascher/Fahnenbruck weisen darauf hin, dass nach einem belastenden

---

[31] Zur Wahrung der Schweigepflicht sollten hier selbstverständlich keine Patienteninformationen preisgegeben werden.

Ereignis eine Betreuung nach CISM-Standards die langfristigen psychischen Erkrankungen wie „Suchtmittelmissbrauch, Depressionen oder posttraumatische Belastungsstörungen (PTBS) oder eine Kombination dieser Erkrankungen" beim fliegenden Personal von 4% auf 0,8% reduzieren kann.[32] Die Stiftung *Mayday* arbeitet nach den Methoden des *Critical Incident Stress Management* (CISM) und hilft seit 1994 Luftfahrern und deren Angehörigen, die in Not geraten sind. Sehr eindrucksvoll verdeutlicht die Stiftung den unterschiedlichen Verlauf nach einem belastenden Ereignis in der Gegenüberstellung von „ohne/mit Hilfestellung" wie folgt[33]:

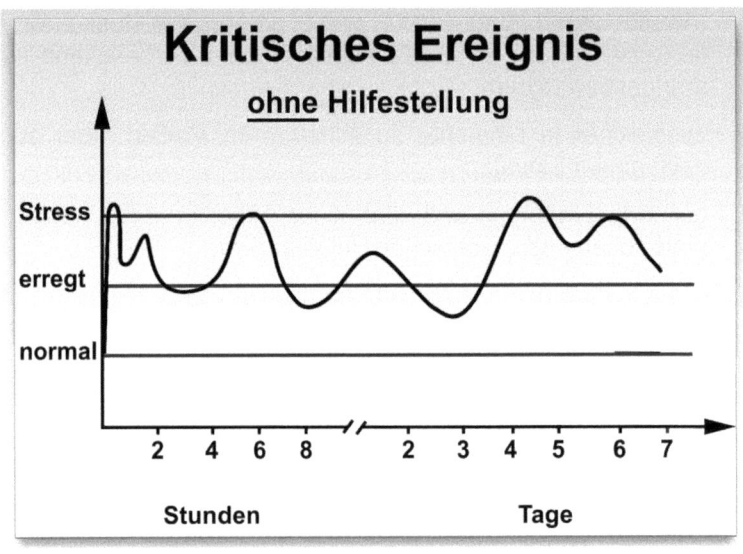

Stressverlauf nach einer Belastung – **ohne** Hilfestellung – Stiftung Mayday

---

[32] Rascher, St./ Fahnenbruck, G. (2019), 279.

[33] Die Abbildungen sind [optisch leicht verändert] entnommen aus Asklepios Kliniken GmbH & Co. KGaA (Hrsg.) (2018), 23. Vgl. auch Kolb, J.-H. (2018), Folie 7f.

   Zu den Methoden des CISM siehe insbesondere die aktuelle Neuauflage des Klassikers: Mitchell, J.T./ Everly, G.S (^{3}2019).

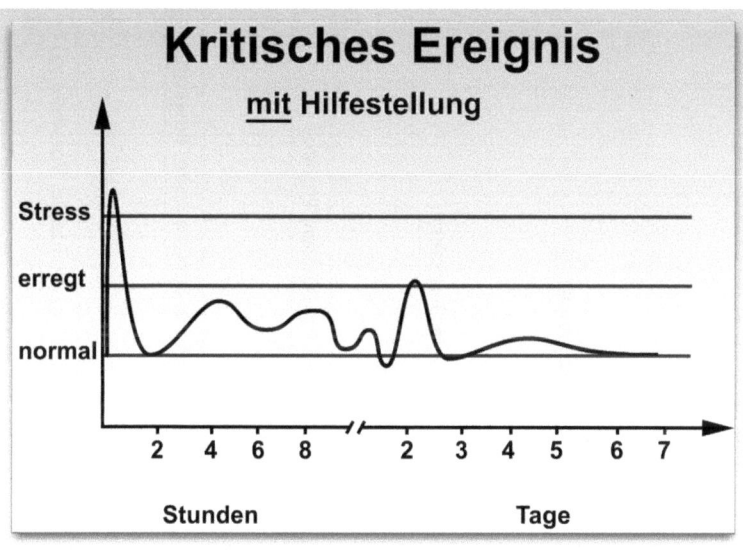

Stressverlauf nach einer Belastung – **mit** Hilfestellung – Stiftung Mayday

Zusammenfassend sei hier die sehr frühe und übersichtliche Systematisierung dieser Schutzfaktoren und Maßnahmen von Mooli Lahad (Professor am Community Stress Prevention Centre, Israel) angeführt. Lahad untersuchte die Umstände, welche Strategien Menschen selbst in krisengeschüttelten Regionen widerstandsfähig gegenüber der Fülle an Belastungssituationen gemacht haben. Der Name des Modells „BASIC Ph" ergibt sich aus den Anfangsbuchstaben der ermittelten sechs Grundstrategien. Für den deutschen Sprachraum ist das Modell von Meißner/Sachs überarbeitet worden zum Modell „GESUND"[34]:

---

[34] Abbildung aus: Munk-Oppenhäuser, V. K. (2012). 60. Ausführliche Informationen zu BASIC Ph finden sich in: Lahad,M./ Shacham, M./ Ayalon, O. (2013): *The "BASIC Ph" Model of Coping and Resiliency. Theory, Research and Cross-cultural Application.* London/Philadelphia.

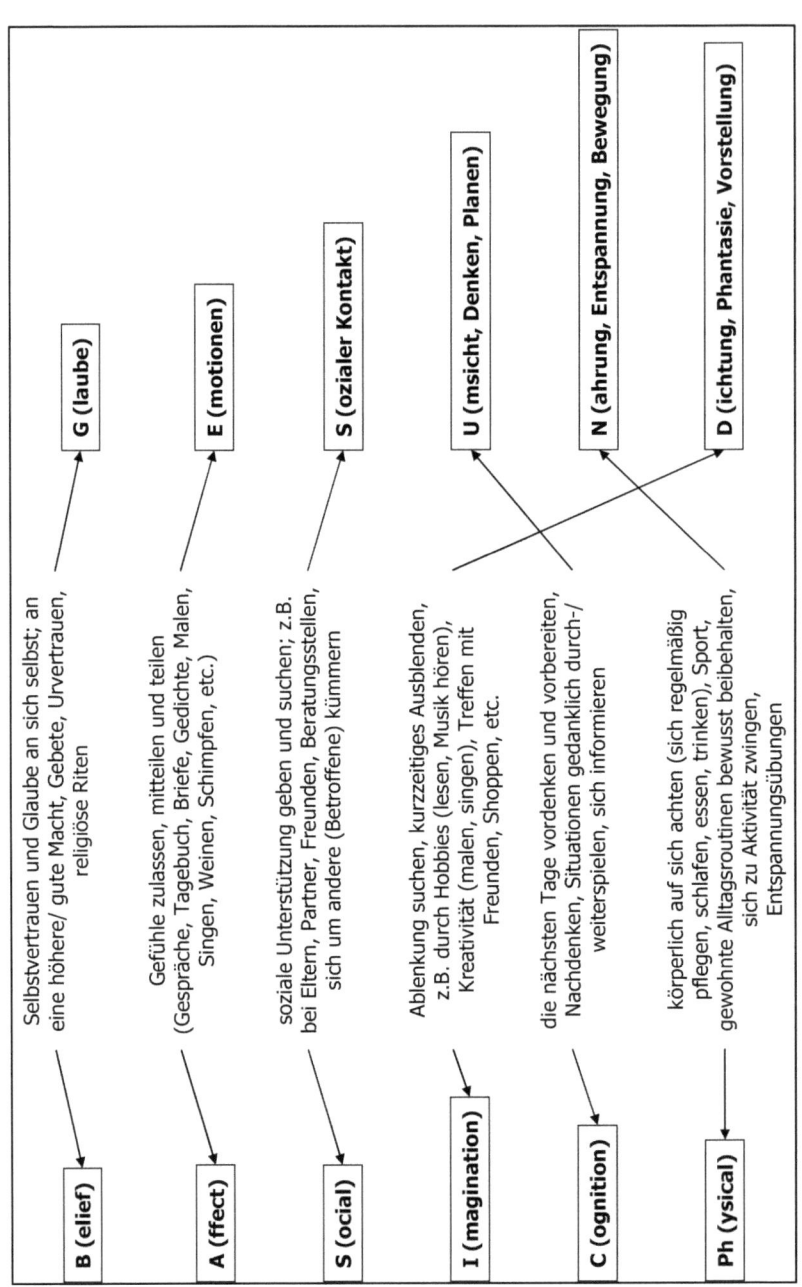

Intervention

Bisher wurden in diesem Kapitel besonders die zentralen Aspekte der Prävention und Postvention (Nachsorge) betrachtet. Zum Abschluss soll daher noch kurzer Blick auf die Interventionsmöglichkeiten während eines Einsatzes geworfen werden.

Zum einen sei hier auf entlastende oder vorbeugende Maßnahmen im Einsatz hingewiesen, auf die *der Mobile Retter selbst* achten kann:

☑ Fokussierung der Aufmerksamkeit auf die zentralen Maßnahmen

Durch die Konzentration auf Routineaufgaben werden einerseits gezielt positive Ressourcen, d.h. die beherrschten Fähigkeiten abgerufen. Andererseits kann auf diese Weise auch das übrige Geschehen bis zu einem gewissen Grad ausgeblendet werden. Konkret heißt das: Belastete Einsatzkräfte berichten gelegentlich darüber, dass sich bestimmte Bilder aus dem Einsatz eingebrannt haben. Der Fokus während des Einsatzes hat sich also auf das entstellte Gesicht, das aufgedunsene Abdomen, die abgegangenen Ausscheidungen oder Ähnliches gerichtet. In Analogie zum Gedankenstopp sollte sich der Mobile Retter immer wieder auf Routinehandlungen, weniger belastende Ereignisse bzw. Gegenstände (z.B. das EKG) konzentrieren, um, soweit eben möglich, die belastenden Aspekte auszublenden.

☑ Strukturiertes Handeln

Belastungen durch Überforderungen kann durch ein organisiertes Vorgehen vorgebeugt werden. Auch hier geht es wieder darum, dass der Mobile Retter die erlernten Routinehandlungen Schritt für Schritt abrufen kann, um auch komplexen Situationen zu begegnen.

☑ Beachtung von Belastungsgrenzen

Wer seine Belastungsgrenzen kennt und diese nicht ignoriert, beachtet das, was eigentlich für jeden Einsatz gilt: Selbstschutz geht vor! Das mag im einfachen Falle damit beginnen, dass der Mobile Retter nicht so zum Einsatzort rennt, dass er dort außer Atem und kraftlos ankommt und dann mit der Situation vor Ort überfordert ist. In besonderen Fällen kann das auch heißen,

43

dass der Mobile Retter, der selbst gerade stark belastet ist (durch privaten oder beruflichen Stress, durch Schlafmangel usw.) in der App eine Bereitschaftspause einrichtet oder nicht in einen Einsatz hineingeht.

☑ Positive Selbstinstruktion

Die positive Selbstinstruktion nach Meichenbaum und Goodman ist eine Art innerer Monolog in Form von kurzen Befehlen oder Aussagen, um eine Situation neu zu strukturieren, neu zu bewerten.[35] Beispiele für die Einsatzsituationen der Mobilen Retter könnten sein: „Ich bleibe ruhig und gehe Schritt für Schritt vor!" „Überlege, was als nächstes zu tun ist!" „Es gibt keinen Grund, in Panik zu verfallen!" „Spul' das ab, was du gelernt hast!"

Nicht unerwähnt bleiben darf an dieser Stelle das „SAFE-R"-Modell[36] der amerikanischen Psychologen Mitchell und Everly, den Begründern der CISM-Nachsorge. Das Modell zeigt sowohl wesentliche Ziele der Nachsorgeangebote, aber es ist ebenso gut und einfach als erste Interventionsmaßnahme geeignet, *um einer anderen Einsatzkraft zu helfen*, die im Einsatz selbst oder direkt im Anschluss daran starke Belastungsreaktionen zeigt.[37] Der Name SAFE-R ergibt sich (analog zum BASIC Ph) aus den Anfangsbuchstaben der entsprechenden Maßnahmen:

Das **SAFE-R Modell**:

S ituation stabilisieren (Sicherheit geben) / *Stabilize*

Hier geht es darum, Abstand von allen auslösenden oder verstärkenden Stressoren (z.B. Orte, Personen) zu bekommen. Konkrete Maßnahmen können hier sein: auf räumlichen Abstand gehen, den

---

[35] Vgl. Stangl (2019).

[36] Siehe: Müller-Lange J./ Rieske U. /Unruh J. (Hrsg.) (³2013), 353-355. Siehe auch: Lasogga, F./ Gasch, B. (Hrsg.) (²2011), 204f.. Hausmann, C. (²2005), 266-269. Helmerichs, J./ Karutz, H./ Gengenbach O./ Richwin, R. (2016), 90f..

[37] Vgl. diesbezüglich auch das Schaubild in Kapitel 3.3.1 zur PSNV-Hotline der Malteser – dort: „Telefonische Unterstützung SAFER".

Blick vom Geschehen abwenden oder schlicht einen Kaffee trinken gehen.[38]

A kzeptanz der Krise / *Acknowledge*

Durch die Rekonstruktion des Geschehenen findet eine erste Verarbeitung statt sowie die Rückkehr auf die Ebene des Rationalen. Fragen sollen sich an den Fakten des Geschehenen orientieren. Eine emotionale Konfrontation mit dem Geschehenen ist in der Regel zu einem frühen Zeitpunkt unangemessen, da noch keine ausreichende Stabilisierung stattgefunden hat. (Der Schritt „Situation stabilisieren" würde andernfalls konterkariert.) Bei der Thematisierung der Reaktionen auf das Ereignis soll daher eine Beschränkung auf das Hier und Jetzt stattfinden.

F örderung des Verstehens der Reaktionen / *Facilitate*

In dieser Psychoedukation werden die betroffenen Einsatzkräfte über Belastungsreaktionen aufgeklärt und es wird verdeutlicht, dass es sich dabei um ganz normale Reaktionen angesichts eines unnormalen Ereignisses handelt. Allein die Vermittlung dieser Basisinformation kann bereits zur Normalisierung der Situation beitragen.

E ntwicklung von bzw. Ermutigung zu aktiven Bewältigungsstrategien / *Encourage*

Der Blick in die Zukunft wird eröffnet durch die Umsetzung bereits erlernter Ressourcen: Dies geschieht u.a. durch die Erinnerung an bisherige Strategien, durch die Entwicklung geeigneter Maßnahmen (s.o.) oder ggf. durch die Festlegung eines konkreten Handlungsplans für den nächsten Zeitraum.

---

[38] Im weiteren Sinne stellt die Umsetzung des *Stabilize* ein gewisses Problem dar:

Mobile Retter werden sehr häufig zuhause alarmiert und treffen aufgrund der Einsatznähe in und nach den Einsätzen mitunter auf Bekannte und im Nachhinein in jedem Falle auf „belastete Orte" (vgl. Beispiel 5 in Kapitel 2.2.1).

R ückführung zur Eigenständigkeit / *Recovery*

In der Regel reicht es am Ende aus, ein Nachfolgegespräch zu vereinbaren oder weiterführende Hilfsangebote zu vermitteln. Sollte die Einsatzkraft weiterhin in schlechter Verfassung sein, so dass z.b. auch eine Selbst- und Fremdgefährdung nicht ausgeschlossen werden kann, ist ein sich direkt anschließendes Hilfsangebot sinnvoll.

2.2.3 Symptome einer Belastungsreaktion

Die Beispiele von belastenden Ereignissen (Kap. 2.2.1) sowie die Traumakriterien in den unten genannten gängigen Klassifikationssystemen machen deutlich, dass es normal ist, auf unnormale Ereignisse ungewöhnlich zu reagieren. Dieser Aspekt ist eine der wichtigsten Botschaften in der Information über mögliche Belastungsreaktionen: *Ich bin normal (!), auch wenn meine Reaktionen ungewöhnlich und wechselhaft sind.* Die Erlebnisse sind schlicht mit keiner der bisherigen Strategie zu bewältigen und „überfordern den psychischen Bewältigungsapparat".[39] Ähnlich sinnvoll kann die Erklärung und damit Umdeutung der Belastungssymptome (s.u.) sein sowie der Hinweis darauf, dass es bei Einsatzkräften kaum häufiger zu einer Ausbildung einer Posttraumatischen Belastungsstörung (PTBS) kommt als bei der Gesamtbevölkerung. Während die Lebenszeitprävalenz für PTBS in der Allgemeinbevölkerung mit 1% - 7% angegeben wird (bei Frauen ca. 2x so hoch wie bei Männern), liegen die Angaben für Rettungsdienstmitarbeiter meist bei 7%.[40]

Nach oben abweichende Ergebnisse von z.t. über 50% (!) Lebenszeitprävalenz bei Einsatzkräften werden in der Literatur sehr in Frage gestellt mit dem Hinweis auf

---

[39] Dreiner, M./ Weber, Th. (2011), 5.

[40] Vgl. die Präsentation von Niehörster, G. (2006), *Auswirkungen von psychischen Belastungen auf die Gesundheit von Rettungsdienstmitarbeitern.* URL: http://www.medizin.uni-greifswald.de/intensiv/fileadmin/user_upload/lehre/qsb_notfallmedizin/vorlesungen_qsb3/Vortrag_VL_Notfallmedizin.pdf [03.03.2019], Folien 17-19.

a) nicht verallgemeinerbare Verhältnisse (USA: mehr Schusswaffen-gewalt & Naturkatastrophen)[41],

b) den Gebrauch der unschärferen Kriterien des ICD 10 gegenüber dem DSM IV oder

c) dass bei den entsprechenden Studien kein PTBS-Vollbild vorliegen würde, sondern nur einige Symptome.[42]

An dieser Stelle kann es nicht darum gehen, näher auf die Diagnostik der PTBS oder akuten Belastungsreaktion/Belastungsstörung einzu-gehen, da von den Nachsorgeteams nicht erwartet wird, dass sie eine Diagnose im engeren Sinne stellen. Die nachfolgende Übersicht über die unterschiedlichen Klassifizierungen einer PTBS[43] dient lediglich

---

[41] In der Gegenüberstellung mit Deutschland beziffert Schellong das Risiko der Kon-frontation mit einem traumatischen Ereignis in den USA mit dem Faktoren 2,3 (Män-ner) / 2,8 (Frauen) und den Faktor zur Ausbildung einer PTBS mit dem Faktor 2,1 (Männer) / 1,6 (Frauen). Siehe Schellong J. (2015), 334 [dort: Tabelle 1].

Siehe hierzu auch die Meta-Studie von Bolm-Audorff, U./ Petereit-Haack, G./ Seid-ler, A (2019): „Die bisherigen systematischen Reviews konnten unseres Erachtens nicht klar belegen, dass andere Berufe mit einer chronischen Traumaexposition, bei-spielsweise Rettungssanitäter oder Feuerwehrleute, ein erhöhtes Risiko für die Ent-wicklung einer PTBS oder Depression im Vergleich zur allgemeinen Wohnbevölke-rung aufweisen, weil mit Ausnahme des systematischen Reviews von Liu et al. [16] keine Auswertungen zum PTBS-Risiko von Feuerwehrleuten und Rettungssanitä-tern mit eigener Kontrollgruppe existieren."

[42] Vgl. Lasogga, F./ Gasch, B. (Hrsg.) ([2]2011), 31, 60f und 158f.

[43] Die Übersicht stammt aus: Egle, U.T./ Frommberger, U./ Kappis, B. (2014), 4. Die Diagnostik psychischer Störungen kann nach zwei unterschiedlichen Systemen er-folgen: nach dem ICD (International Statistical Classification of Diseases and Rela-ted Health Problems) der WHO oder dem DSM (Diagnostic and Statistical Manual of Mental Disorders) der American Psychiatric Association. Da beide Klassifikations-systeme Unterschiede aufweisen, findet man in den meisten Fachveröffentlichungen Bezüge zum beiden System (zurzeit meist noch zu den Versionen ICD-10 und DSM-IV). Mittlerweile ist das DSM-5 erschienen und hat das fast 20 Jahre gültige DSM-IV abgelöst. Im Juni 2018 wurde zudem das neue ICD-11 von der WHO vorgestellt. In Ergänzung zur „klassischen" PTBS wurde nun noch die „komplexe PTBS" aufge-nommen. Diese Differenzierung trägt einerseits der Unterscheidung von punktuellen Belastungen auf der einen und sich wiederholenden/ lang andauernden Belastun-gen auf der anderen Seite Rechnung. Darüber hinaus werden bei der komplexen PTBS als Kriterien die Beeinträchtigung hinsichtlich a) der Emotionsregulierung, b) des positiven Selbstkonzepts und c) der Beziehungsgestaltung zusätzlich zu den Kriterien der normalen PTBS hinzugenommen. Vgl. Maercker, A./ Brewin, C.R./ Bry-ant, R.A. et al. (2013).

der Transparenz und Vollständigkeit. Ausgehend hiervon sollen anschließend mögliche Symptome bzw. Symptomgruppen einer Belastungsreaktion näher erläutert werden, da diese wiederum sowohl für die Arbeit der Nachsorgeteams als auch für die Mobilen Retter selbst von Interesse sind.

PTBS-Definition. Unterschiede zwischen DSM-IV-TR, DSM-5 und ICD-10

Kriterium	DSM-IV-TR 309.81	DSM-5 309.81	ICD-10 F43.1
Trauma	A1 Ereignis, das schwere körperliche Verletzung, tatsächlichen oder möglichen Tod oder eine Bedrohung der physischen Integrität der eigenen Person oder anderer Personen beinhaltet	A Konfrontation mit tatsächlichem oder möglichem Tod, schwere körperliche Verletzung oder sexuelle Gewalt auf mindestens eine der folgenden Arten: A1 Selbst erlebt, A2 Zeuge eines Ereignisses, A3 Wissen, dass Familienangehörige oder enge Freunde ein Trauma erlebt haben, A4 mehrfaches Erleben oder besondere Konfrontation mit aversiven Einzelheiten traumatischer Ereignisse (z.B. Ersthelfer, die sterbliche Überreste von Opfern einsammeln; Polizisten, die wiederholt Details von Kindsmisshandlungen ausgesetzt sind). *Hinweis*: A4 gilt nicht bei Konfrontation durch elektronische Medien, TV, Film, …	A Belastendes Ereignis oder eine Situation außergewöhnlicher Bedrohung oder katastrophenartigen Ausmaßes *Bedingung*: das Ereignis würde bei fast jedem eine tiefe Verstörung hervorrufen
Reaktion auf das Trauma	A2 Subjektive Reaktion mit intensiver Furcht, Hilflosigkeit oder Entsetzen	*entfällt*	*keine Angaben*

PTBS-Definition. Unterschiede zwischen DSM-IV-TR, DSM-5 und ICD-10

Kriterium	DSM-IV-TR 309.81	DSM-5 309.81	ICD-10 F43.1
Hinrei-chende Symptome	**B** Intrusion (mindes-tens 1 von 5)	**B** Intrusion (mindestens 1 von 5)	**B** Intrusionen (nicht spezifi-ziert)
	C Vermeidung/emoti-onale Taubheit (min-destens 2 von 7)	**C** Vermeidung (mindestens 1 von 2)	**C** Vermeidung (nicht spezifi-ziert)
	D Autonome Überer-regung (mindestens 1 von 5)	**E** Autonome Übererregung (mindestens 2 von 6)	**D** Amnesie oder 2 Arousalsymp-tome
		D Negative Veränderung von Gedanken und Stim-mung (mindestens 2 von 7)	
Beginn	Keine Beschränkung; Spezifikation des ver-zögerten Beginns, wenn die Symptoma-tik ab 6 Monaten nach dem Trauma einsetzt	Keine Beschränkung; Spezifikation des verzöger-ten Beginns, wenn die Symptomatik ab 6 Monaten nach dem Trauma einsetzt	**E** Innerhalb von 6 Monaten nach dem Trauma (Ausnahmen möglich)
Dauer	**E** Mindestens 4 Wo-chen	**F** Mindestens 1 Monat	*Keine Angaben*
Beeinträch-tigung	**F** Durch Symptomatik bedingtes klinisch be-deutsames Leid oder bedingte Beeinträchti-gung in wichtigen Le-bensbereichen	**G** Durch Symptomatik be-dingtes klinisch bedeutsa-mes Leid oder bedingte Be-einträchtigung in wichtigen Lebensbereichen	*Keine Angaben*
Art/Verlauf	Akut (Symptome < 3 Monate) oder chro-nisch (Symptome ≥ 3 Monate)	Unterscheidung in akut/chronisch entfällt; Dissoziativer Subtyp (Deper-sonalisation bzw. Derealisa-tion), Subtyp für Kinder (Al-ter < 6 Jahre)	
		H Ausschluss: Symptome entstehen nicht durch orga-nische Erkrankung, Medika-tion oder Substanz	

Dem ICD-10 folgend lassen sich also vier Hauptsymptomgruppen unterscheiden:[44]

- Intrusionen (Wiedererleben, Wiedererinnern): Bestimmte „Bilder", die mit dem belastenden Ereignis in Verbindung stehen, drängen sich auf. Dieses Wiedererleben beschränkt sich keinesfalls auf den Sehsinn, sondern es kann über alle Sinne (auch kombiniert) geschehen: Man riecht etwas, was man damals gerochen hat. Man hört Schreie oder Geräusche, die damals prägend waren usw.. Diese Eindrücke sind dann so gegenwärtig, dass auch das aktuelle Erleben und Verhalten der ursprünglichen, vergangenen Situation entspricht und nicht mehr der gegenwärtigen, was für die betroffene Einsatzkraft, aber auch für deren Umfeld, belastend und verstörend ist. Dieses Wiedererleben kann durch sog. Trigger (ein vergleichbarer Reiz – z.b. das Riechen des gleichen Aftershaves wie damals) ausgelöst werden oder auch einfach so auftauchen, ohne dass man den Trigger erkennen kann.

Nach dem Gedächtnismodell von Horowitz können diese belastenden Wiedererlebnisse Teil des Verarbeitungsprozesses sein: Gerade bei einem starken Vermeidungsverhalten sind wiederholte Intrusionen möglicherweise als Wege des Unterbewussten anzusehen, das Geschehene in das eigene Erleben zu integrieren.[45]

- Vermeidungsverhalten: Als Schutzreaktion werden direkte Kontakte, das Denken an bestimmte Situationen usw. vermieden. Sofern sich bereits eine generalisierte Angst entwickelt hat, kann es sogar zum Abbruch jedes Außenkontakts kommen.

Auch hier kann gesagt werden, dass dieses Verhalten (eine Zeit lang) als eine sinnvolle Reaktion gedeutet werden kann – als Schutzmechanismus zur Vermeidung von (zusätzlicher) Angst.

---

[44] Vgl. insgesamt Dreiner, M./ Weber, Th. (2011) 5-17.

Eine andere sinnvolle Einteilung nach Bereichen der Belastungsfolgen (*körperlich – kognitiv – emotional – im Verhalten*) findet sich in: Helmerichs, J./ Karutz, H./ Gengenbach O./ Richwin, R. (2016), 20. Vgl. dazu auch den Nachsorge-Flyer der Mobilen Retter in Kapitel 3.1.1.

[45] Vgl. Maercker, A. (Hrsg.) (^{3}2009), 38. Huber, B. (2008), 36f.

- Amnesie: Es kann eine Unfähigkeit vorliegen, sich an bestimmte Ereignisse der Belastungssituation zu erinnern.

  Das Vergessen kann ebenfalls als Schutzmechanismus gedeutet werden: Analog zur veränderten Wahrnehmung in Stresssituation (manches wird ausgeblendet, anderes fokussiert) ist die Amnesie ein Schutz vor belastender Erinnerung. Die Amnesie würde dann in der Weise nachlassen, wie die belastenden Erinnerungen ertragen werden können.

- Arousalsymptome (Übererregbarkeit): Dieses kann sich ausdrücken in allgemeiner Unruhe, in Schlafstörungen, in Wutausbrüchen, in Ängsten usw..

  Auch die ständige Wachsamkeit kann als Schutzmechanismus angesehen werden: Der Wachsamkeit liegt das Bedürfnis zugrunde, die Wiederholung eines belastenden Erlebnisses durch Aufmerksamkeit und Kontrolle zu vermeiden. De facto wirkt die ständige Wachsamkeit aber mittel- und langfristig konträr zur Intention: Es kommt zu Schlafstörungen und Konzentrationsschwäche sowie zum Wiedererleben durch das „Hintertürchen": Traumbilder.

Die Mobilen Retter und deren Angehörige sowie die Mitglieder der Nachsorgeteams sollten prüfen, ob derartige Symptome auftauchen und, wenn diese länger anhalten (Richtwert: zwei bis vier Wochen), ein weiterführendes Nachsorgeangebot wahrnehmen bzw. anbieten oder auch vermitteln.[46]

---

[46] Vergleiche hierzu besonders das Kapitel 3.3.4 zur Weiterbehandlung in den Traumaambulanzen.

3 Zentrale Elemente der PSNV bei den Mobilen Rettern

3.1 Psychoedukation in der Phase der Primären Prävention

Aus Gründen der zeitlichen und personalen Ressourcen werden den Mobilen Rettern zwei unterschiedliche Arten von Informationsveranstaltungen angeboten: Eine erste obligatorische Information vor Beginn der Tätigkeit als Mobiler Retter findet im Rahmen des allgemeinen Basistrainings der Mobilen Retter statt. Bei Interesse können vertiefende Fortbildungen zu diesem Thema auf freiwilliger Basis in Anspruch genommen werden.

3.1.1 Obligatorische PSNV-Basisinformation

Die in den Kapiteln zuvor erläuterten Aspekte können wie folgt als Teil des Basistrainings an den Ausbildungsterminen der Mobilen Retter vermittelt werden. Zur Veranschaulichung werden hier im Wesentlichen nur die Folien der PowerPoint-Präsentation aufgeführt, da sich die detaillierten Inhalte aus den o.g. Kapiteln ergeben.

Einführende Folien:

Die **E-Mail-Adresse muss regional angepasst werden**: hier Kreis Gütersloh!

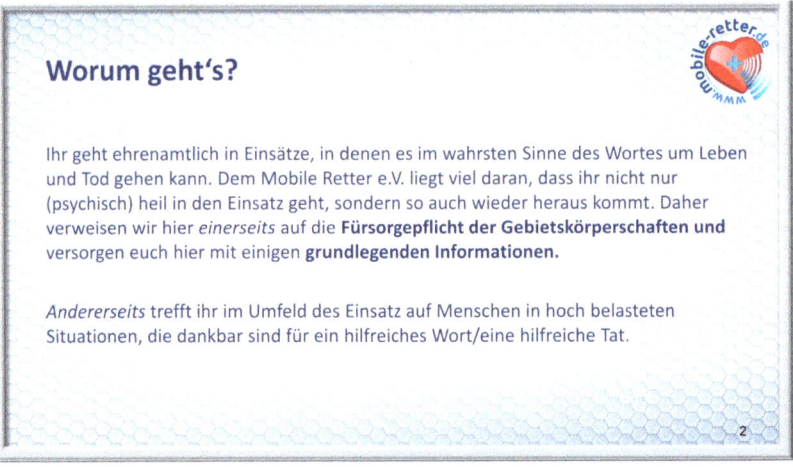

Mit Blick auf Kapitel 2.1 „Belastungen durch den Umgang mit belasteten Angehörigen und weiteren Betroffenen":

Der Mobile Retter wird nach einer gewissen Zeit durch den Rettungsdienst abgelöst und könnte dann, wenn er sich dazu in der Lage sieht, Belastungen von Angehörigen usw. wahrnehmen und Unterstützungsangebote einleiten.

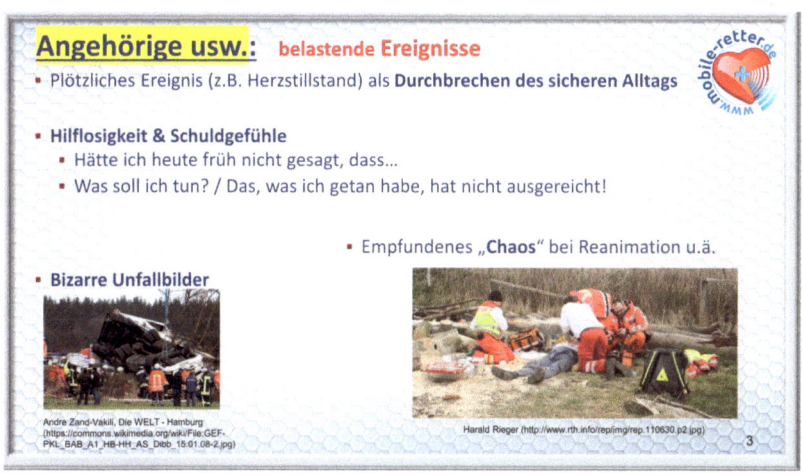

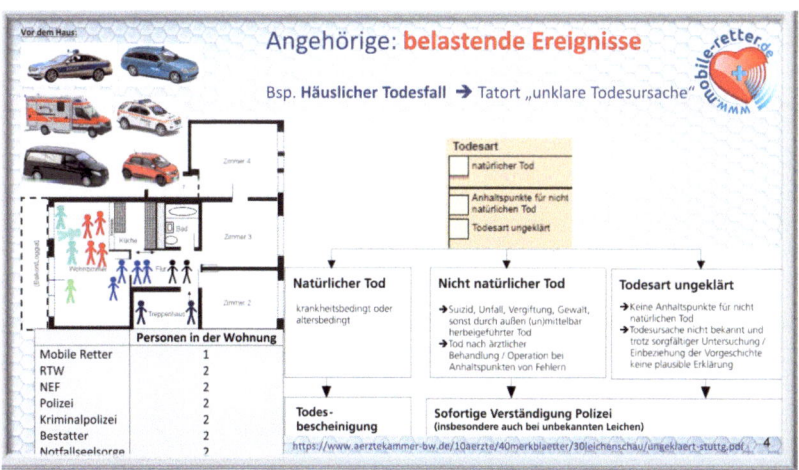

Der häusliche Todesfall mit „unklarer Todesursache" zieht nach sich, dass die Polizei hinzugezogen werden muss, die Wohnung quasi zum Tatort und der Leichnam beschlagnahmt wird. Die Handlungsspielräume der Angehörigen sind extrem eingeschränkt. Selbst die Abschiednahme vom Verstorbenen steht ihnen nicht mehr ohne Weiteres zu.

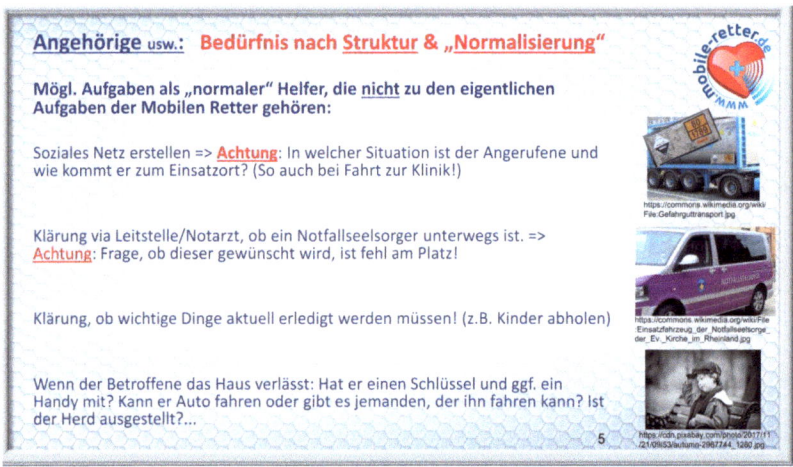

Diese Aufgaben gehören nicht zum eigentlichen Aufgabenfeld der Mobilen Retter und müssen folglich auch nicht ausgeführt werden. Die Informationen dienen nur als Anregungen für den Fall der Fälle.

Mit Blick auf Kapitel 2.2 „Belastende Einsätze für die Mobilen Retter": Hier soll über Belastungssituationen und -reaktionen informiert werden sowie Präventionsmöglichkeiten und Nachsorgeangebote vorgestellt werden:

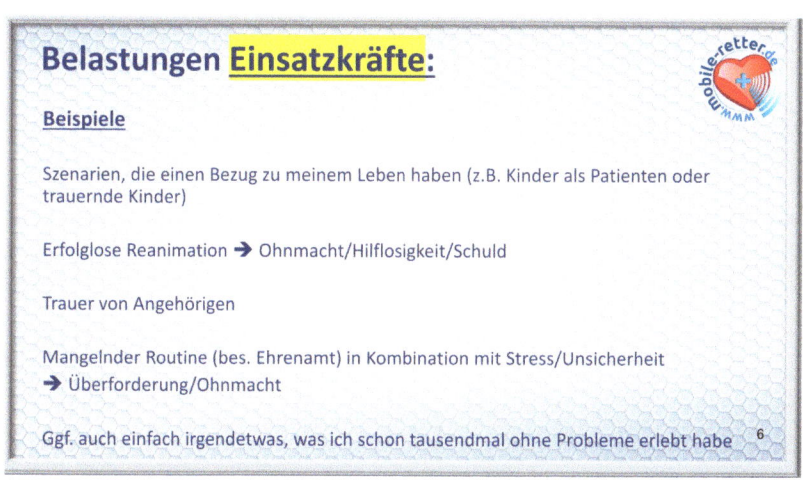

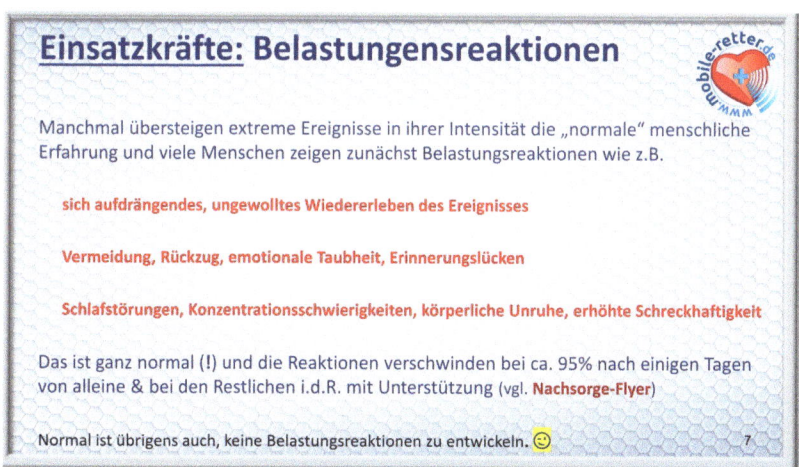

Auch beim **Flyer** (S. 58f.) muss die **E-Mail-Adresse** regional angepasst werden!

Einsatzkräfte: **Prävention** und eigene Hilfsstrategien

Was hilft, weiß oft jeder selbst am besten – z.B.:

Fachliches Training (Kompetenz entspannt)

Gesunde Lebensführung (stärkt Abwehrkräfte & neurophysiologische Verarbeitung von Stress)

Soziales Netzwerk

Wenig Dauerbelastungen & Zufriedenheit am Arbeitsplatz

Erlernen von Entspannungstechniken & systematischen Problemlösestrategien

8

Einsatzkräfte: Prävention und **eigene Hilfsstrategien**

Die PSNV bei den Mobilen Rettern besteht aus einem mehrmaschigen Netz.

1. Die meisten Mobilen Retter gehören einer Organisation an, über die die Möglichkeit besteht, **organisationseigene Nachsorgeangebote** zu nutzen.

2. Grundlegende **Informationen** zu belastenden Einsätzen und möglicherweise damit einher gehenden Belastungssymptomen sind dem Nachsorge-Flyer zu entnehmen, der somit u.a. der **Selbstvorsorge/-fürsorge** dient.

3. Die E-Mail-Adresse (ggf. auch eine Telefonnummer) des **regionalen Nachsorgeteams** ist ebenfalls auf dem Flyer vorhanden. Ggf. kontaktiert das regionale Einsatznachsorgeteam von sich aus die Mobilen Retter nach den Einsätzen telefonisch.

4. Ebenfalls auf dem Flyer zu finden ist die Telefonnummer der **PSNV-Hotline der Malteser**, die auch für die Mobilen Retter rund um die Uhr ein Nachsorgeangebot anbieten.

10

Was es noch zu sagen gibt:

Der **Flyer** „Belastende Einsätze" zu diesem Thema wird gleich verteilt bzw. kann auf der Homepage heruntergeladen werden.

Wer Interesse hat, mehr über psychosoziale Prävention und Nachsorge zu hören, kann sich bei uns melden. Wir bieten je nach Interessenslage in bestimmten Abständen **Fortbildungen** zu diesem Thema an.

Noch Fragen?

11

Flyer „Belastende Einsätze" (hier Region Gütersloh)

Belastende Einsätze
Informationen und Empfehlungen für Mobile Retter

Hole Dir Unterstützung

Nicht nur für hauptberufliche, sondern auch für ehrenamtliche Retter ist es professionell, für sich und für Kameraden Hilfe zu organisieren, wenn es notwendig erscheint.

Hierfür gibt es mehrere Möglichkeiten:

1. Vielleicht kennst Du aus deinem Bereich (Feuerwehr, Rettungsdienst, Hilfsorganisation o.ä.) die organisationsinternen psychosozialen Ansprechpartner (PSU-/PSNV-Team). Diese sind natürlich auch für Dich da, wenn Du als Mobiler Retter Hilfe bei der Verarbeitung von belastenden Einsätzen benötigt.

2. Es kann auch sein, dass sich in den Tagen nach einem (belastenden) Einsatz ein Ansprechpartner der Mobilen Retter bei Dir meldet. Sprich ihn ruhig auf Deine Erlebnisse und Gefühle/Gedanken an. Du kannst Dich auch von Dir aus an einen solchen kollegialen Ansprechpartner der Mobilen Retter in deiner Region wenden. Nutze dazu die nächstehende Kontaktmöglichkeit. Sollte dort nur eine E-Mailadresse aufgeführt sein, wird man Dir zeitnah antworten bzw. Dich zurückrufen.

Für die Region Gütersloh:
nachsorge.guetersloh@mobile-retter.de

3. Für alle Mobilen Retter, die ein Einsatznachgespräch wünschen, steht auch die bundesweite Hotline der Malteser für Nachsorgemaßnahmen für Einsatzkräfte jederzeit (24 Stunden / 7 Tage die Woche) zur Verfügung.

24/7 Malteser-Hotline für Einsatzkräfte
0221 / 9822 9557

✠ **Malteser**
...weil Nähe zählt.

Tipps für Freunde und Familienmitglieder

Liebe Freunde und Angehörige, das Wichtigste, das Sie tun können, ist einfach nur „da zu sein", zuzuhören und Zeit mitzubringen. Sie brauchen keine Ratschläge zu geben, sondern allein Ihre Anwesenheit und Ihre Aufmerksamkeit zählt und hilft.

Wichtig ist auch, dass Sie Stimmungsschwankungen nicht persönlich nehmen, sondern als Ausdruck der momentanen Belastungssituation verstehen.

Mobile Retter e.V.
Verwaltungssitz
Weißhausstr. 36-38
50939 Köln

Telefon: +49 221 96694590
E-Mail: info@mobile-retter.de
Web: www.mobile-retter.de

Außergewöhnliche Belastungen

Als Mobiler Retter bist Du es aufgrund Deiner beruflichen Tätigkeit oder Deines ehrenamtlichen Engagements im Bereich der Feuerwehr, des Rettungsdienstes, der Hilfsorganisationen o.ä. gewohnt, mit nicht alltäglichen Belastungen umzugehen.

Dennoch kann es für jeden Helfer Einsätze geben, bei denen die bewährten Bewältigungsmechanismen an ihre Grenzen kommen.

Ereignisse, die als besonders belastend empfunden werden können, sind z.B.

- Kindernotfälle
- der Einsatz bei Bekannten oder Angehörigen
- der Umgang mit trauernden Angehörigen
- eigene Verletzung oder Gefährdung
- eine vom Meldebild abweichende oder unklare Lage
- Situationen, in denen man z.B. nicht (mehr) helfen konnte oder sich (auch unbegründet) schuldig fühlt.

Auch die Rahmenbedingungen können aus „normalen" Einsätzen belastende Einsätze machen (z.B. durch persönlichen Stress, eingeschränkten Gesundheitszustand, Schlafmangel, nächtliche Alarmierung oder eine stressige Anfahrt).

Auf solche belastenden Einsätze reagiert jeder anders

Mögliche Belastungsreaktionen

Anzeichen einer akuten Belastung können sein:

- körperliche Reaktionen (z.B. Zittern, Schwitzen, Herzklopfen - vor allem dann, wenn man an den Einsatz erinnert wird)
- aufgedreht/angespannt sein (z.B. besonders wachsam, reizbar oder schreckhaft sein, keinen erholsamen Schlaf finden, sich nicht konzentrieren können)
- Antriebslosigkeit, Niedergeschlagenheit, Interessensverlust
- Neben sich stehen / „Wie benebelt sein"
- Erinnerungslücken bezüglich des Einsatzes haben
- Ungewolltes Wiedererleben des Einsatzes = sog. „Flashbacks" (z.B. Bilder, Gerüche oder andere Sinneseindrücke drängen sich immer wieder auf; Albträume)
- Vermeidungsverhalten (Gedanken, Orte, Personen u.a., die an den Einsatz erinnern könnten, werden gemieden)

Diese zum Teil heftigen Reaktionen können als völlig normal angesehen werden angesichts einer unnormalen Belastung. Normal ist es aber auch, wenn Du keine dieser Reaktionen zeigst! Für gewöhnlich verschwinden die Symptome nach wenigen Tagen oder Wochen von ganz allein.

Sollten die Reaktionen an Intensität zunehmen oder über einen längeren Zeitraum anhalten (länger als zwei bis vier Wochen), könnte sich daraus eine ernsthafte Erkrankung entwickeln. Dann solltest Du Dir professionelle Hilfe suchen.

Was hilft?

Aufgrund Deiner Einsatzvorbereitung und Erfahrung hast Du geeignete Fähigkeiten entwickelt, mit belastenden Situationen umzugehen, die Du auch als Mobiler Retter erleben kannst. Um diese Situationen zu bewältigen, kannst Du selbst einiges tun, um Deine Schutzmechanismen zu stärken:

- Mache grundsätzlich das, was Dir sonst auch guttut.
- Habe ein Auge auf Dich selbst und akzeptiere die eigenen Gefühle und Reaktionen: sie sind kein Zeichen von Schwäche.
- Sei bzw. bleibe aktiv.
- Versuche, Abstand zu gewinnen (z.B. gönne Dir Zeit zur Erholung, mache Pausen).
- Nehme Dir auch Zeit, das Erlebte zu verarbeiten (z.B. indem Du mit vertrauten Menschen über das Erlebte sprichst oder Eindrücke aufschreibst).
- Nimm auch Unterstützung durch Familie, Freunde oder Kollegen an.
- Achte auf gesunde Ernährung und ein gewisses Maß an Fitness.

Rückzug, der Gebrauch von nicht verordneten Medikamenten und Alkohol mögen zunächst hilfreich sein, können aber auch zum Problem werden. Die Verarbeitung von Einsatzbelastungen wird dadurch eher verhindert und es werden neue Probleme geschaffen.

61

3.1.2 Ergänzende (fakultative) PSNV-Fortbildung

Die fakultative Fortbildung ist auf 2-4 Unterrichtseinheiten à 45 Minuten ausgelegt. Es sollte jedoch ein zeitlicher Puffer einkalkuliert werden. Inhaltlich orientiert sich die Veranstaltung in erster Linie an den Interessen der Teilnehmer/innen.

Sinnvoll könnte eine Vertiefung folgender Themen sein:

- Das Erkennen von Belastungsreaktionen

- Minimierung von Risikofaktoren/Faktoren der Aufrechterhaltung[47]

- Stärkung, Aus- und Aufbau von protektiven Faktoren

- Nachsorgemöglichkeiten (individuelle / organisierte)

Ggf. kann auch eine separate Fortbildung zur Gesprächsführung angeboten werden, die dem Umgang mit Angehörigen und anderen Betroffenen dient.

3.2 Regionale Einsatznachsorgeteams der Mobilen Retter

3.2.1 Telefonkontakt nach einem Einsatz: Ablauf und Ziele

Hinzmann et al. weisen in ihrem Artikel auf die Bedeutung der Peer-Kontakte für die Bewältigung von Traumafolgestörungen hin und schreiben dazu unter anderem „Studien zeigen, dass insbesondere

---

[47] Besonders das Vermeidungsverhalten trägt zur Aufrechterhaltung von Belastungen bei (vgl. Kapitel 3.3.4; siehe auch Maercker, A.(Hrsg.) (^{3}2009),34).

die Kommunikation mit Kollegen und Vorgesetzten eine herausragende Bedeutung [...] hat."[48] Ein solcher Peer-Kontakt hat sich auch bei den Mobilen Rettern als Einsatznachsorgeteam sehr früh etabliert.

Sofern es personell und organisatorisch möglich ist, sollte ein Mitglied dieses Teams möglichst innerhalb der ersten beiden Tage (zumindest aber innerhalb einer Woche) nach dem Einsatz Kontakt zu den Mobilen Rettern aufnehmen, die den Einsatz angenommen haben - auch wenn sie den Einsatz dann abgebrochen haben sollten.

Die Ziele des Telefonkontakts werden in den nachfolgenden Kapiteln näher ausgeführt. Es handelt sich dabei um

- die Abklärung psychischer Belastungsreaktionen bei den Mobilen Rettern sowie die Möglichkeit und Notwendigkeit der Inanspruchnahme weiterführender Nachsorgeangebote,

- die Anerkennung und Förderung der Motivation für die ehrenamtliche Tätigkeit als Mobiler Retter,

- ein Feedback zur App, zur Zusammenarbeit mit dem Rettungsdienst und zu Einsatzbesonderheiten.

3.2.1.1 Organisatorische Details

Für die Kontaktaufnahme mit den Mobilen Rettern, die den Einsatz begonnen haben, erhalten die Mitglieder des Nachsorgeteams Zugriff auf die für diesen Zweck freigeschalteten Einsatzdaten und Einsatzprotokolle.[49] Die Daten der Mobilen Retter, die den Auftrag der Leitstelle nicht angenommen haben, werden automatisch anonymisiert

---

[48] Hinzmann, D./ Schießl, A./ Koll-Krüsmann, M./ Schneider, G./ Kreitlow, J. (2019), 98.

[49] Zudem sind wissenschaftliche Auswertungen geplant, die u.a. auch Einflussfaktoren für Belastungsreaktionen verdeutlichen könnten. Zentral erscheinen hierfür z.B. die Aspekte Ausbildungsstand, Zugehörigkeit zur spezifischen Organisation, Funktion der App, Kooperation mit dem Rettungsdienst, Einsatzbesonderheiten, Zustand des Patienten am Ende der Maßnahmen, Einsatzabschluss vor Ort. Entsprechend ist ein Einsatz- und Nachsorgeprotokoll gestaltet, das vom Mobilen Retter selbst innerhalb der App ausgefüllt werden sollte. Ergänzt wird diese Auswertung durch das eigens für die Telefonate entwickelte Nachsorgeprotokoll (vgl. Kapitel 3.2.1.3). Eine erste

und sind dem Nachsorgeteam zudem auch anonymisiert nicht zugänglich.

Die telefonische Kontaktaufnahme / Einsatznachsorge ist in regionalen Teams organisiert. Diese konzentrieren sich auf die Einsätze ihrer Region, da eine überregionale Auswertung durch die ehrenamtlichen Kräfte derzeit nicht zu leisten ist. Aus diesem Grunde ist es ratsam, Kräfte in ausreichender Zahl für diese Aufgabe zu mobilisieren. Auch wenn die Teams regional organisiert sind, ist ein regelmäßiger überregionaler Austausch wünschenswert. In Übergangsphasen, z.B. bei der Neuinstallation des Mobile-Retter-Systems in einem Kreis, ist es möglich, dass die Aufgaben des dortigen Nachsorgeteams kurzfristig so lange von Teams aus den Nachbarregionen übernommen werden, bis feste Nachsorge-Strukturen vor Ort etabliert wurden.

3.2.1.2 Aspekt der Anerkennung und Motivation

Das Mobile-Retter-System ist ohne die technischen Voraussetzungen nicht denkbar. Getragen wird es aber vor allem durch das freiwillige Engagement der vielen ehrenamtlichen Helfer, die intrinsisch hoch motiviert sind. Wenn man auf die möglichen Motive der Retter schaut, findet man dort u.a. die herausfordernde Tätigkeit, die medizinische Evidenz des Systems und den Wunsch nach schnellstmöglicher Hilfe für die eigenen Angehörigen und Freunde in vergleichbaren Situationen. Auch die Rückmeldung des Hilfeempfängers und dessen Umfeld sowie die gesellschaftliche Anerkennung spielen diesbezüglich eine große Rolle.[50] So schreibt Dr. Johannes Richert, Bereichsleiter „Nationale Hilfsgesellschaft" und Stellvertreter des Generalsekretärs des

---

Auswertung ist zu finden in: Stroop, R./ Eckert, M./ Poschkamp, T./ Goersch, H. (2020).

[50] Bestätigt wird diese Einschätzung durch eine Fragebogenauswertung von 421 Mobilen Rettern (Erbsland, H. (2017)), in der als die drei bedeutendsten Motive für das Engagement als Mobile Retter genannt wurden:

- Ich möchte etwas für andere tun, ihnen helfen (95,3%)
- Ich bin überzeugt vom Konzept des gemeinnützigen Vereins Mobile Retter (90,5%)
- Ich möchte mit meiner Tätigkeit etwas bewegen (85,3%).

Deutschen Roten Kreuzes: „Eine der wesentlichsten Grundlagen ehrenamtlichen Engagements ist […], für eine ausreichende Anerkennung dieser Arbeit Sorge zu tragen, um die Motivation und die Begeis-
terung der Ehrenamtlichen für ihre Tätigkeiten aufrecht zu erhalten."[51]
Der Mobile Retter e.V. ist daher darum bemüht, die Motivation der ehrenamtlich Tätigen entsprechend der o.g. Grundmotivation zu fördern.

Die Verbreitung des Systems, die erfolgreiche Öffentlichkeitsarbeit
durch z.b. regelmäßige Presseberichte und die zahlreichen Ehrungen
aus Politik und Wirtschaft fördern die gesellschaftliche Anerkennung
der Tätigkeit des Mobilen Retters und tragen zudem zur Schaffung
einer Corporate Identity bei, worüber der einzelne Mobile Retter eine
weitere Form der Anerkennung erhält. In Anlehnung an das Erleben
sportlicher Großereignisse – „Wir sind Weltmeister" – ist der Mobile
Retter im Sinne dieser Corporate Identity eben der Lebensretter von
Nebenan, der Bundessieger von startsocial, der Gewinner der Google
Impact Challenge mit einem Fördergeld von 500.000 € usw..

Das positive Erleben der herausfordernden Tätigkeit und die Rückmeldung von Seiten der Hilfeempfänger hängen mit einer adäquaten
Vorbereitung auf die Einsatztätigkeiten zusammen. Dem haben z.b.
die Ausbildungsprogramme der Mobilen Retter Rechnung zu tragen,
damit es nicht zu vorprogrammierten Enttäuschungen kommt.

Hier schließt sich der Kreis zu den o.g. Telefonkontakten durch das
Einsatznachsorgeteam. Die motivationalen Aspekte sollten dort auf-
gegriffen, reflektiert und verstärkt werden. Ein wertschätzender Um-
gangston und eine Bestätigung der Leistung des Mobilen Retters werden dabei als selbstverständlich vorausgesetzt. Aber auch dann,
wenn es nicht zu einem Einsatz kommt oder erst recht, wenn der Einsatz nicht erfolgreich, d.h. nicht lebensrettend, verläuft, sollte eine

---

[51] Aus einer Rede von Dr. Johannes Richert (DRK) auf dem *Symposium Ehrenamt im
Bevölkerungsschutz*. 10./11. September 2012 in Berlin. URL: http://www.b-b-
e.de/fileadmin/inhalte/themen_materialien/rettungsdienste/Dokumentation_Sympo-
sium_Ehrenamt.pdf [03.03.2019] (Zitat auf S. 57)

Kontaktaufnahme erfolgen, da die ausbleibende Motivation oder sogar Demotivation in diesem Falle gemeinsam reflektiert und ihr dann entgegengewirkt werden kann.[52]

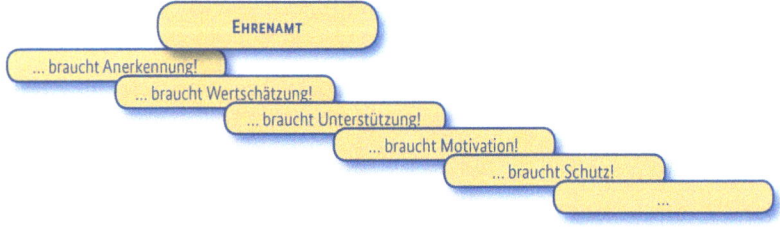

3.2.1.3 Klärung psychischer Belastungsreaktionen

Während des telefonischen Kontakts mit dem Mobilen Retter sollen die Mitglieder des Nachsorgeteams auch auf geeignete Weise erfragen, inwiefern es zu Symptomen einer Belastungsreaktion (vgl. Kapitel 2.2.3) gekommen ist.

Der hierfür entwickelte standardisierte Gesprächsleitfaden für den Telefonkontakt sieht wie folgt aus:

---

[52] Nachstehende Grafik: BBK, Clemens-Mitschke.

Vgl. zum Thema *Anerkennung und Motivation im Ehrenamt* insgesamt:

a) BBK (Hrsg.): *Bevölkerungsschutz 1/2019*. Dort bes. Clemens-Mitschke, A.: Ehrenamt ist... Ehrenamt braucht..., S. 2-4. URL: http://www.bbk.bund.de/Shared Docs/Downloads/BBK/DE/Publikationen/Publ_magazin/bsmag_1_19.pdf? blob=publicationFile#pagemode=bookmarks&page=4 [17.04.2019];

b) *Typisch Ehrenamt? Oder: Brauchen Hauptamtliche auch Anerkennung?* URL: http://www.anerkennung-sozial.de/2012/02/typisch-ehrenamt-oder-brauchen-hauptamtliche-auch-anerkennung/ [19.08.2016];

c) Bundesarbeitsgemeinschaft der Senioren-Organisationen e.V. (Hrsg.) (2001), bes. 62f und 110f..

Fragebogen Einsatznachsorge

Telefonischer Kontakt mit dem Mobilen Retter

Legende	
Blau	Fragen an den **Mobilen Retter**
Rot	Informationen für das **Mitglied der Einsatznachsorge**
Schwarz	Textvorlage für das **Mitglied der Einsatznachsorge**

Guten Tag *(Name aus dem Login übernehmen)*,
mein Name ist …

Ich rufe Dich im Auftrag des Vereins Mobile Retter an, weil Du vor kurzem zu einem Mobile Retter-Einsatz alarmiert wurdest.

Hättest Du gerade

❑ einen Moment Zeit für ein paar Fragen zum diesem Einsatz?
❑ oder passt es Dir gerade nicht?

Wenn unpassend: Kann ich Dich denn später noch einmal anrufen?

❑ wenn Nein:

Ich danke Dir für Deine Mobile Retter-Einsatzübernahme. Wenn Du Fragen oder Anmerkungen für uns hast, kannst Du Dich gerne jederzeit bei uns melden. Herzlichen Dank, auf Wiederhören!

Gespräch beenden.

❑ wenn Ja: können wir einen Termin vereinbaren?

Datum: _____
Uhrzeit: _____

Ich danke Dir schon jetzt einmal für Deine Mobile Retter-Einsatzübernahme. Bis zum (Datum, Uhrzeit). Herzlichen Dank, auf Wiederhören!

Gespräch beenden.

Wenn es passt:

Wir würden gerne wissen, wie es Dir im und nach dem Einsatz ergangen ist und aus Deinen Erfahrungen lernen. Vorab die Frage: hattest Du bereits Gelegenheiten das Mobile Retter-Einsatzprotokoll auszufüllen? (*Wenn nicht, die Bitte, dieses Nachzuholen*). Ich würde Dir gerne ein paar Fragen zu dem Einsatz stellen, aber vielleicht magst Du auch erst einmal von Deinem Einsatz berichten:

_____

_____

_____

_____

1. Welches Notfallbild hast du vorgefunden?
   - ❑ Bewusstlosigkeit
   - ❑ Herz-Kreislauf-Stillstand
   - ❑ Sichere Todeszeichen
   - ❑ Sonstiges_____

2. Wie fühlst Du Dich heute in der Rückschau auf den Einsatz?
   - ❑ sehr gut
   - ❑ gut
   - ❑ neutral
   - ❑ schlecht
   - ❑ sehr schlecht

Die folgenden Fragen sollen einen Hinweis auf eine mögliche *Akute Belastungsreaktion* geben.

Bitte vermeidet, nach Details des Belastungserlebens zu fragen! (z.B. „Was war besonders schlimm?")

Das tiefere Aufarbeiten von Problemen gehört in therapeutische Hände!! Ziele unserer Einsatznachsorge bleiben Information, Screening und je nach Qualifikation auch Stabilisierung.

Vermeidet Bewertungen! Nicht bagatellisieren, nicht pathologisieren!

(z.B. „So schlimm war das doch gar nicht!"; „Das klingt nach einer Posttraumatischen Belastungsstörung!")

Die Fragen nach einer reinen symptomatischen Empfindung sind für Einsatzkräfte in der Regel unkritisch.

Solltet ihr das Gefühl haben, die Einsatzkraft hat einen weitergehenden Nachsorgebedarf, verweiset sie auf die unten aufgeführten Kontakte der nachsorgenden Stellen.[53] Gegebenenfalls kann es Sinn machen, der Einsatzkraft anzubieten, dass die nachsorgende Stelle sich bei ihr meldet (die Vermeidungstendenz in der Belastungsreaktion verhindert oft eine selbstständige Kontaktaufnahme durch die Einsatzkraft).

3. „Hattest Du in der Zeit nach dem Einsatz plötzliche, sich aufdrängende Bilder, Erinnerungen, Sinneseindrücke (Gerüche, Geräusche) oder Alpträume, die mit dem Einsatzgeschehen im Zusammenhang stehen?" (Intrusionen)

❑ nein
❑ Ja

4. „Hattest Du in der Zeit nach dem Einsatz das Gefühl Situationen, Aktivitäten oder Gefühle, die mit dem Einsatz in Verbindung stehen oder Ähnlichkeiten aufweisen, zu unterdrücken oder zu vermeiden?" (Vermeidung)

❑ nein
❑ Ja

---

[53] Siehe Kap. 3.3.

5. „Hattest Du in der Zeit nach dem Einsatz das Gefühl, schlechter ein- oder durchzuschlafen bzw. hast Du dich als reizbarer, vorsichtiger oder schreckhafter wahrgenommen?" (Übererregbarkeit)

- ❑ nein
- ❑ Ja

Information:

Solche oder ähnliche Gefühle, Gedanken und körperliche Reaktionen ...

(falls alle 3 Fragen verneint wurden - ergänzend: auch falls sie erst zeitversetzt auftauchen sollten)

... stellen eine natürliche und menschliche Reaktion auf extreme Belastung dar. In der Regel verschwinden diese Reaktionen innerhalb von einigen Tagen oder Wochen von ganz allein. Du kannst dies unterstützen, indem du dir in der nächsten Zeit etwas Gutes tust.* Falls dich der Einsatz weiter beschäftigen sollte, versuche mit vertrauten Personen darüber zu reden. Bei den meisten Einsätzen reichen diese Maßnahmen völlig aus. Sollten die oben genannten Reaktionen hartnäckig sein und länger als vier Wochen andauern, solltest du dir Unterstützung holen, damit du dich vor unnötigen und weiterführenden Schädigungen schützen kannst.

* Falls nötig, können hier Beispiele/Maßnahmen erfragt oder auch (neutral) genannt werden. Vgl. hierzu den Nachsorge-Flyer und die Informationsschrift *„Psychosoziale Notfallversorgung (PSNV) bei den Mobilen Rettern"*.

6. Möchtest Du noch etwas im Zusammenhang mit dem Einsatz erwähnen, das bisher nicht ausführlich besprochen wurde, Dir aber wichtig erscheint?

_____

_____

_____

_____

7. Wünschst Du ein persönliches Gespräch mit einem Mitglied der Einsatznachsorge oder einem Notfallseelsorger?

Im Falle einer entsprechenden Symptomatik stehen unterschiedliche Nachsorgemöglichkeiten zur Verfügung, auf die der Mobile Retter hingewiesen werden sollte:

- In manchen Regionen verfügen die Nachsorgeteams der Mobilen Retter selbst über weiterqualifizierte Fachkräfte für die Einsatznachsorge, die dann kontaktiert werden können.

- Den Mobilen Rettern steht die bundesweite PSNV-Hotline der Malteser für Einsatzkräfte jederzeit (24 h / 365 Tage) zur Verfügung. Auch von dieser Seite aus können qualifizierte Nachsorgeangebote durchgeführt und vermittelt werden. Detaillierte Informationen hierzu folgen in Kapitel 3.3.1.

- Mehrere Organisationen bieten (z.T. organisationsintern) eine vergleichbare Hotline an, die von den Mobilen Rettern mitunter ebenfalls genutzt werden kann (vgl. hierzu Kapitel 3.3.2).

- In vielen Regionen haben auch die Teams der Notfallseelsorge usw. speziell geschulte Kräfte für die Einsatzkräftenachsorge. Es bestehen bereits regionale Absprachen – wo dies noch nicht der Fall ist, sollten diese getroffen werden –, damit sich die Mobilen Retter auch an diese Teams wenden und ein persönliches Treffen vereinbaren können. Teilweise läuft der Kontakt zu den regionalen PSNV-Teams zentral über die Leitstelle (vgl. Kapitel 3.3.3).

Unabhängig von der Abklärung eines Nachsorgebedarfs seitens der Einsatznachsorgeteams der Mobilen Retter scheint es auch sinnvoll zu sein, wenn die Mitarbeiter des Rettungsdienstes dahingehend instruiert werden, dass sie die Mobilen Retter in den Einsatzabschluss vor Ort integrieren und auch da noch einmal auf die Aspekte hinweisen:

a) Mögliche Belastungsreaktionen sind normal und verschwinden i.d.R. von allein.

b) Tue dir etwas Gutes!

c) Du kannst dich jederzeit an das Nachsorgeteam der Mobilen Retter wenden – spätestens dann solltest du dies tun, wenn die Belastungssymptome auch nach ein paar Wochen noch immer vorhanden sind.

3.2.1.4 Feedback zur App, zur Schnittstelle Rettungsdienst und Einsatzbesonderheiten

Das Feedback am Telefon bietet eine zusätzliche Möglichkeit zur Qualitätssicherung. Die Mobile-Retter-App hat hierfür bereits eine Feedback-Möglichkeit integriert und auch über die Protokolle nach dem Einsatz ist ein Feedback möglich und erwünscht. In der Regel erhält der Feedback-gebende Mobile Retter eine individuelle Rückmeldung bezüglich seiner Meldung. Seit einiger Zeit sind die Arbeitsprozesse zur Verbesserung der App, die sich aus den Feedbacks ergeben, auch im sog. Technik-Ticker einsehbar.[54] Das persönliche Gespräch am Telefon über die Funktionsweise der App kann Anwendungsfehler und Missverständnisse in der Funktionsweise direkt klären.

Auch die Informationen zur Zusammenarbeit mit dem Rettungsdienst können z.B. so genutzt werden, dass das Feedback an den Rettungsdienst und die Mobilen Retter zurückgespiegelt wird (z.B. über die

---

[54] Vgl. URL: http://www.mobile-retter.de/technik-ticker/ [03.03.2019]. Update 01.09.2020: z.Z. nicht mehr.

Fortbildungsveranstaltungen), was die Zusammenarbeit noch weiter verbessern könnte.

Möglicherweise kann auch die Auswertung bestimmter Einsatzbesonderheiten Aufschlüsse über spezifische Belastungen im Einsatz usw. geben.

3.2.2 Grundausbildung Teammitglieder Nachsorge

Voraussetzungen für die Mitarbeit

Als sinnvolle, aber nicht in jedem Falle bindende Voraussetzungen seien genannt:

- Mindestalter: 23 Jahre
- Psychische und physische Stabilität und Belastbarkeit
- Praktische Einsatzerfahrung (z.b. als Mitglied FW, HiOrg, RD ...)
- Soziale Kompetenz (z.b. Kommunikations- und Konfliktfähigkeit, Empathie)
- Eigenverantwortlichkeit und Teamfähigkeit
- Bereitschaft zur Reflektion des eigenen Handelns
- eine vorherige Teilnahme an einem Grundlehrgang PSNV (oder vergleichbar) ist empfehlenswert

Aufgrund der oben genannten Aufgaben ist es sinnvoll, dass die Mitglieder der Nachsorgeteams der Mobilen Retter über solide Grundkenntnisse im Bereich der PSNV verfügen. Da viele Hilfsorganisationen usw. organisationseigene PSNV-Basisausbildungen anbieten (z.B. „Basisseminar Psychosoziale Notfallversorgung" (Malteser), „Basisnotfallnachsorge" (DRK)), können die regionalen Nachsorgeteams auch Mitglieder mit einer solchen Ausbildung rekrutieren. Alternativ sollten die Nachsorgeteams für eine organisationseigene Grundausbildung sorgen (ca. 15-20 Unterrichtseinheiten). Mögliche Inhalte der Ausbildungsmodule sind der nachstehenden Grafik zu entnehmen. Ein vergleichbarer Wissensstand und ein vergleichbares Vorgehen sollten durch Absprachen der regionalen Teams gewährleistet werden. Hilfreich ist es zudem, wenn einzelne Teammitglieder

73

umfangreicher in PSNV-E ausgebildet sind, so dass man organisationsintern ein strukturiertes Nachsorgeangebot gewährleisten kann. Weiterführende Ausbildungsangebote sind auch abhängig von den regionalen Möglichkeiten und Wünschen der Teammitglieder.

3.3 Weiterführende Hilfsangebote

3.3.1 Die Malteser PSNV-Hotline für Einsatzkräfte

Kurz nachdem sich das erste regionale Einsatznachsorgeteam der Mobilen Retter im Kreis Gütersloh etabliert hatte, hat Sören Petry, Leiter der Psychosozialen Notfallversorgung des Malteser Hilfsdienstes e.V., im Januar 2016 seine Bereitschaft erklärt, die Malteser PSNV-Hotline für Einsatzkräfte ebenfalls den Mobilen Rettern zur Verfügung zu stellen. Ein entsprechender Hinweis hierzu befindet sich auch auf dem Flyer „Belastende Einsätze" (vgl. Kapitel 3.1.1). Über das Konzept der rund um die Uhr zur Verfügung stehenden Hotline schreibt Herr Petry im Februar 2019:

„Die Hotline wurde ursprünglich als Instrument der Einsatzkräftenachsorge für die eigenen Helferinnen und Helfer entwickelt. Sehr schnell erkannten wir jedoch den Bedarf an einer solchen Ansprechstelle auch bei den anderen Hilfsorganisationen, den Feuerwehren und der Polizei.

Treu unserem Proprium *Tuitio fidei et obsequium pauperum* („Bezeugung des Glaubens und Hilfe den Bedürftigen") öffneten wir kurz nach der Installation die Hotline für alle Einsatzkräfte, gleich welcher Organisation und Tätigkeit.

Die Anrufe an der Hotline sind kostenfrei und wenn gewünscht anonym.

24/7 Sicherstellung ist in einem ehrenamtlichen Dienst eine klare Herausforderung. Damit allen betroffenen Kolleginnen und Kollegen jederzeit geholfen werden kann, läuft der Anruf auf der Hotline Nummer **0221 - 98 22 9557** beim ständig besetzten Malteser Rückholdienst auf. Der Mitarbeiter nimmt die Grunddaten, Rückrufnummer und Kurzbeschreibung auf und vermittelt das Gespräch an einen der Bundeskoordinatoren PSNV des Malteser Hilfsdienstes und dies rund um die Uhr.

Diese nehmen Kontakt zum Betroffenen auf und klären den Unterstützungsbedarf. Je nachdem kann dies in einem telefonischen

75

Support, der Vermittlung an ein örtliches Einsatznachsorgeteam oder gegebenenfalls auch der Verbindung an unseren Kooperationspartner, den Berufsverband deutscher Psychologinnen und Psychologen, und hier an die Notfallpsychologie geschehen. Auch die Möglichkeit des Verweises an die Regelversorgung ist vorgesehen.

Der Ablauf ist in folgendem Schaubild schematisch dargestellt.

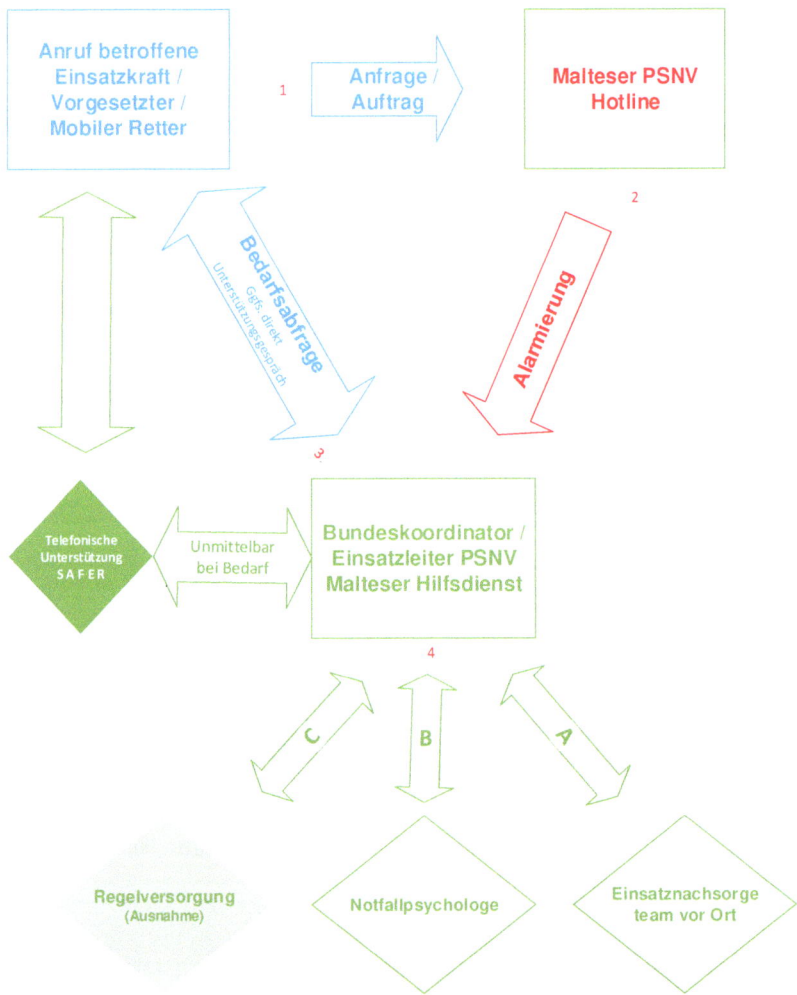

Alle Bundeskoordinatoren haben eine Ausbildung in *critical incident stress management* und entsprechende weiterführende Schulungen.

Bis heute konnten alle Anfragen entsprechend bedient werden und wir freuen uns, auch für die Mobilen Retter die Unterstützung und Rückfallebene anzubieten."

Weitere Informationen zu diesem Angebot der Psychosozialen Notfallversorgung finden sich auf der entsprechenden Homepage des Malteser Hilfsdienstes e.V.: https://www.malteser-psnv.de.

3.3.2 Weitere überregionale PSNV-Angebote

Neben dem Malteser Hilfsdienst e.V. gibt es weitere überregionale Anbieter, die eine Hotline (24 h/ 365 Tage) speziell für die Einsatzkräfte eingerichtet haben. Exemplarisch seien hier genannt[55]:

Bundesamt für Bevölkerungsschutz und Katastrophenhilfe (BBK)

Die Koordinierungsstelle Nachsorge, Opfer- und Angehörigenhilfe (NOAH) richtet sich laut eigener Auskunft an Deutsche, denen im Ausland schwere Unglückfälle und Katastrophen widerfahren sind. [56]

Das Technische Hilfswerk (THW) verweist jedoch seine Einsatzkräfte im Flyer „Nach einem belastenden Einsatz" ebenfalls an die NOAH-Hotline 0800 1888 433, wo das BBK „zusammen mit der Unfallkasse

---

[55] Eine umfangreiche Übersicht über weitere regionale und überregionale Ansprechpartner für die Einsatzkräftenachsorge findet sich in: Helmerichs, J./ Karutz, H./ Gengenbach O./ Richwin, R. (2016), 107-134.

[56] URL: https://www.bbk.bund.de/DE/AufgabenundAusstattung/Krisenmanagement/PsychKM/NOAH/NOAH_node.html [03.03.2019]

des Bundes (UK-Bund) telefonische Beratung und Vermittlung von Psychotherapeuten" anbiete. [57]

Johanniter-Unfall-Hilfe e.V. (JUH)

Die Einsatznachsorge der JUH ist bundesweit in sechs regionalen Teams organisiert. Auch die JUH bietet eine zentrale Einsatznachsorge-Hotline unter der Telefonnummer 0800 2699701 an. Das Angebot dieser Hotline „richtet sich an erster Stelle an Mitarbeiterinnen und Mitarbeiter der Johanniter. Im Bedarfsfall können auch andere Behörden und Organisationen um Unterstützung bitten."[58]

Netzwerk PSNV

Nach eigenen Angaben baut das Netzwerk PSNV unter Federführung von Michael Steil „ein bundesweit flächendeckendes Netzwerk an Kontaktstellen und multiprofessionellen Teams zur psychosozialen Nachsorge und Unterstützung von Betroffenen und Einsatzkräften auf."[59] Sowohl für Betroffene als auch für Einsatzkräfte stehe die Hotline unter der Telefonnummer 0800 58 92 272 zur Verfügung.

---

[57] URL: https://www.thw.de/SharedDocs/Downloads/DE/Hintergrund/ent_flyer_psnv.pdf;jsessionid=4823A144C2C348052BDC9B5EB8D656C8.1_cid379?__blob=publicationFile [03.03.2019]

[58] URL: https://www.johanniter.de/dienstleistungen/im-notfall/psychosoziale-notfallversorgung-psnv/einsatznachsorge/ [03.03.2019]

[59] URL: http://www.netzwerk-psnv.de/ [04.04.2019]

3.3.3 Regionale PSNV-Angebote

In den aktiven Regionen der Mobilen Retter haben Absprachen mit den bereits etablierten regionalen Anbietern der PSNV-E stattgefunden (vgl. Kapitel 3.2.1.3). Exemplarisch sei dies an dieser Stelle an den beiden ersten Regionen aufgezeigt:

Kreis Gütersloh

Im Kreis Gütersloh existieren zwei größere PSNV-Einheiten. Dies ist zum einen die Notfallseelsorge, die auch über zusätzlich in PSNV-E ausgebildete Kräfte verfügt, und zum anderen das PSU-Team der Feuerwehr. Beide Einheiten haben ihre Bereitschaft für die Betreuung Mobiler Retter erklärt.

Laut Notfallsystem für den Massenanfall Verletzter und Erkrankter (MANV) des Kreises Gütersloh (Stand 30.07.2018)[60] findet die Alarmierung der Notfallseelsorge über die Leitstelle der Kreispolizeibehörde Gütersloh statt: 05241/8691222. Die Alarmierung des PSU-Teams laufe dagegen über die Kreisleitstelle für Rettungsdienst, Feuer- und Katastrophenschutz: 05241/504450.

In beiden Systeme ist es aber auch möglich, direkten Kontakt zu dem Team oder einzelnen Ansprechpartnern aufzunehmen. Genaueres ist den beiden Homepages zu entnehmen.[61]

Kreis Germersheim

In Kreis Germersheim findet die gesamte Koordination der PSNV über die Integrierte Leitstelle Südpfalz statt: 06341/54950-0. Diese Kontaktmöglichkeit gilt selbstverständlich auch für die Mobilen Retter.

---

[60] Vgl. Anlage 6 *Notfallseelsorge* auf S. 53 des MANV-Konzepts. URL: https://www.kreis-guetersloh.de/medien/bindata/Notfallsystem_MANV_30.07.2018.pdf [03.03.2019]

[61] Siehe URL: http://www.nfs-gt.de/index.php [03.03.2019] und URL: http://www.kreis-feuerwehr-gt.de/050/sr_seiten/Fachbereich_Seelsorge.php [03.03.2019]

3.3.4 Traumaambulanzen

Die Informationen zur Behandlung von belasteten Einsatzkräften in einer Traumaambulanz stammen, sofern nicht anders ausgewiesen, aus einem Interview mit Frau Dr. med. Dipl.-Psych. Steffi Koch-Stoecker[62] vom 05.02.2019.

1. Wann ist ein Vorstelligwerden in einer Traumaambulanz sinnvoll? Richtet sich dies lediglich nach einen Zeitkriterium (z.b. nach zwei oder vier Wochen) oder ist die Intensität der Symptome allein bereits ein hinreichendes Kriterium?

Frau Koch-Stoecker stellt zunächst einmal heraus, dass sich Menschen de facto zu unterschiedlichen Zeitpunkten und mit sehr unterschiedlich ausgeprägter Symptomatik an die psychiatrische Ambulanz wenden: Manche seien symptomfrei, würden sich aber auf Anraten von dritten melden. In diesem Falle sei eine Meldung oder gar ein Vorstelligwerden natürlich nicht notwendig. Andere Personen seien dagegen zum Zeitpunkt ihrer Kontaktaufnahme bereits über Jahre belastet und symptomatisch geworden, ohne sich professionell Hilfe zu holen und z.t. auch ohne den Prozess der Veränderung selbst wahrgenommen zu haben. Diese Bandbreite der Voraussetzungen für eine Kontaktaufnahme lasse sich auch in der Geschichte der Traumaambulanz ablesen: Zu Beginn (2004) habe man dafür werben müssen, dass sich Menschen ihre Belastungen und die Notwendigkeit professioneller Hilfe eingestehen. Danach habe es eine Phase gegeben, wo es quasi

---

[62] Frau Dr. med. Dipl.-Psych. Koch-Stoecker ist stellvertretende Chefärztin der Klinik für Psychiatrie und Psychotherapie am Evangelischen Klinikum Bethel (EvKB) und Abteilungsleiterin der dortigen Psychiatrischen Institutsambulanz (PIA), der die Traumaambulanz angegliedert ist. Zudem ist sie Sprecherin des Arbeitskreises Psychiatrische Institutsambulanz der Bundesdirektorenkonferenz (BDK).

Die Bielefelder Ambulanz gehört zu den größten der rund 450 psychiatrischen Ambulanzen in Deutschland. Vgl. den Pressebericht (10.07.2017) zur PIA auf der Homepage der v.Bodelschwinghschen Stiftungen Bethel. URL: https://www.bethel.de/presse/presse-detail/artikel/neue-raeume-fuer-die-psychia-trische-institutsambulanz.html [03.03.2019]

Eine 25seitige Übersicht (Stand 15.01.2019) zu den Standorten der Traumaambulanzen in Deutschland findet sich auf der Seite des Bundesministeriums der Justiz und für Verbraucherschutz. URL: https://www.bmjv.de/SharedDocs/Downloads/DE/Themen/OpferhilfeUndGewaltpr%C3%A4vention/Opferbeauftrag-ter/Uebersicht_Traumaambulanzen.pdf?__blob=publicationFile&v=3 [03.03.2019]

en vogue gewesen sei, mit seinen Belastungen sehr früh zu einer professionellen Anlaufstelle zu gehen.

Bezogen auf die Frage, wann eine Kontaktaufnahme mit einer Traumaambulanz sinnvoll sei, sei festzuhalten, dass die Erfahrungen und wissenschaftliche Studien gezeigt hätten, dass man nicht unmittelbar nach einem belastenden Ereignis professionelle Hilfe bedürfe. Man solle den Selbstheilungskräften Raum geben, sich jemanden suchen, der Trost spendet und der empathisch sei und man solle sich etwas Gutes tun. Insgesamt gehe es im Verarbeitungsmechanismus darum, ein Mittelmaß zu finden zwischen permanenter Beschäftigung mit dem Erlebten und einer schlichten Verdrängung. Für den Fall, dass die Auseinandersetzung mit dem Erlebten mit der Zeit besser gelänge und weniger würde, dann sei ein Kontakt zur Ambulanz nicht nötig. Sollte sich hingegen auch nach zwei Wochen keine Besserung zeigen oder die Symptomatik zwischenzeitig intensiver werden, dann wäre eine Kontaktaufnahme mit der Traumaambulanz ratsam.

Für den Fall, dass jemand akut intensiv betroffen sei und z.B. bereits mehrere Tage nicht mehr habe schlafen können, dann solle er sich auf jeden Fall melden: In solchen Fällen erfolge die ärztliche Hilfe in Form einer medikamentösen Behandlung sehr schnell – mitunter am gleichen Tag.

Traumatherapeutisch könne man im ganz frühen Stadium noch nicht so viel bewirken, so dass man die zur Verfügung stehende Zeit dann sinnvoll nutzen wolle, wenn traumatherapeutische Interventionen etwas bewirken könnten.

2. Wie lange dauert es nach der Kontaktaufnahme bis die Behandlung beginnt? *Sprechen wir von Tagen oder Wochen?*

Nach der Meldung im Sekretariat finde ein Rückruf nach einigen Tagen (max. einer Woche) und das Treffen dann i.d.R. wenige Tage später statt. Abhängig von der Situation, die sich beim Rückruf darstelle, könne es in manchen Fällen auch sein, dass man das Treffen noch aufschiebt. In anderen Fällen finde der Rückruf viel früher statt, um z.B. zeitnah in der offenen Sprechstunde eine Arbeitsunfähigkeitsbescheinigung für den Arbeitgeber auszustellen und mit einer medikamentösen Erstversorgung (Beruhigung/Schlaf) zu beginnen. „Jeder Bielefelder in Not kann jeden Tag psychiatrische Hilfe in der Ambulanz bekommen." Auch die Wünsche der Patienten seien sehr unterschiedlich: einige wollten schnellstmöglich andere erst in ein paar Wochen einen Termin haben.

3. Welche formalen Bedingungen müssen für eine Behandlung erfüllt sein? Müssen die Mobilen Retter, in Analogie zu den Feuerwehrangehörigen, einen Unfallbericht ausfüllen und an die Unfallkasse[63] weiterleiten, welche dann den Kontakt zu einer Ambulanz herstellt? Ist der Weg über eine hausärztliche Überweisung ebenso möglich? Können PSNV-Teams den Mobilen Retter vermitteln? Können die Einsatzkräfte auch initiativ vorstellig werden – ohne die zuvor genannten Vermittlungsvarianten?

Nach Frau Dr. Koch-Stoecker seien alle genannten Varianten möglich. Sie verdeutlicht dies an folgenden Beispielen:

Die Polizei, die einer der wichtigsten Partner der psychiatrischen Ambulanz sei, verteile Kärtchen mit der Telefonnummer der Ambulanz an Personen in Notsituationen mit dem Hinweis, dass sie sich dort melden könnten, wenn es ihnen auch über die erste Zeit der zu erwartenden Belastung hinaus noch immer schlecht gehe. Andere Patienten hingegen würden z.B. über den weißen Ring vermittelt. Ebenso sei es Praxis, dass Hausärzte die Patienten an die Ambulanz vermitteln. Eigeninitiatives Melden in der Ambulanz sei ebenso üblich.

---

[63] Für die Vermittlung von Feuerwehrangehörigen an eine Traumaambulanz betont die Unfallkasse NRW die Bedeutung des Einsatzberichts und besonders der Unfallanzeige, in der u.a. der konkrete Einsatzanlass, der Hinweis auf das belastende Ereignis und die Bitte um ein therapeutisches Angebot aufgeführt sein müsse. Entsprechende Formulare der Unfallkasse NRW zur Unfallanzeige für Feuerwehrangehörige und andere Gruppen finden sich hier: URL: https://www.unfallkasse-nrw.de/service/formulare/unfallanzeigen/unfallanzeigen-ii.html [03.03.2019]. Die Unfallkasse NRW hat auch Informationen zur Psychosozialen Unterstützung (PSU) und zur Unterstützung auf dem Weg zur Traumaambulanz auf ihrer Homepage bereitgestellt. URL: https://www.unfallkasse-nrw.de/feuerwehr-portal/praevention/psychosoziale-unterstuetzung.html [03.03.2019]

Anmerkung der Autoren:

Es ist eine Entlastung, zu wissen, dass alle beschriebenen Wege zur Kontaktaufnahme mit der Traumaambulanz möglich sind, so dass formale Akte nicht zu einer zusätzlichen Hürde auf dem Weg zum professionellen Behandlungsbeginn werden.

Da die Mobilen Retter in ihrem Einsatz juristisch als Verwaltungsgehilfen des Kreises / der kreisfreien Städte agieren, sei an dieser Stelle erwähnt, dass alle ärztlichen und therapeutischen Maßnahmen, die aus einem Einsatz resultieren, primär Leistungen der Unfallversicherung sind). Der eigentliche Meldeweg der Mobilen Retter sollte daher möglichst in Analogie zur Feuerwehr stattfinden (vgl. Fußnote 63). Andere Leistungserbringer werden ansonsten vermutlich früher oder später an den Betroffenen herantreten, um ihre erbrachten Aufwendungen von dem eigentlich dafür zuständigen Träger einzufordern.

In Analogie zum Feuerwehrangehörigen wäre das Pendent zum o.g. Einsatzbericht das Einsatzprotokoll in der Mobile-Retter-App. Falls notwendig kann das ausgefüllte Protokoll im Falle einer psychischen Belastung zu Versicherungszwecken über den Mobile Retter e.V. oder via regionales Nachsorgeteam der Mobilen Retter angefordert werden. Der ebenfalls einzureichende Unfallbericht kann z.B. von der o.g. Homepage der Unfallkasse heruntergeladen werden. Als sinnvolle Ergänzung zum Unfallbericht empfiehlt sich folgende Anlage:

Anlage zur Unfallanzeige

(psychische Belastung als ehrenamtliche Einsatzkraft)

Name:_____ Geburtsdatum:_____

Ich bin als Mobiler Retter (jur. als Verwaltungsgehilfe des Kreises/der kreisfreien Stadt _____) am _____ um ca. _____ Uhr durch die zuständige Leitstelle zu einem medizinischen Notfall alarmiert worden.

Einsatzanlass: _____

_____

Belastendes Ereignis: _____

_____

_____

_____

Ich bittet um die Kostenübernahme einer psychotherapeutischen Behandlung.

❑ Ich habe/werde eigenständig Kontakt mit der Traumaambulanz in _____ hergestellt/herstellen.

❑ Ich bitte um eine schnellstmögliche Vermittlung zu einer Traumaambulanz in meiner Nähe.

Beruf: _____

Genaue Anschrift des Arbeitgebers:

Ich habe die Tätigkeit in meinem Zivilberuf eingestellt!

❑ nein

❑ ja, von   bis

Ich bin krankenversichert

❑ pflicht

❑ freiwillig

❑ privat

Meine Telefonnummer:

Meine Bankverbindung:

IBAN: _____   BIC: _____

Bank/Sparkasse: _____

4. Wie sieht die Behandlung aus? *Stehen nur fünf initiale Sitzungen zur Verfügung bzw. gibt es eine Obergrenze an Behandlungsterminen? Welche gängigen Therapieformen werden eingesetzt?*

Die Anzahl der Sitzungen hänge mit den unterschiedlichen Kostenträgern zusammen:

1. LWL Versorgungsamt (gem. Opferentschädigungsgesetz): Betroffen hiervon seien Opfer von Gewalttaten. Hier dienten die ersten fünf initialen Sitzungen der sog. Sachverhaltsaufklärung. Daran schlössen sich zunächst zehn weitere therapeutische Sitzungen an. Sollte danach eine weite Behandlung nötig sein, würde diese Weiterbehandlung in der Praxis eines approbierten Therapeuten fortgesetzt.
2. Berufsgenossenschaften/Unfallkasse: Nach den fünf initialen Sitzungen könne die Behandlung in der Institutsambulanz so lange fortgesetzt werden, wie es notwendig ist.
3. Krankenkassen: Die Ambulanz könne direkt mit den Krankenkassen abrechnen (bei Unfällen sei dies der Regelfall). Auch hier gebe es keine feste Obergrenze.

Ausgehend von einer Liste von Standardmaßnahmen der Traumatherapie[64], sind folgende Maßnahmen detailliert erläutert worden, da diese sehr häufig Verwendung finden. Welche Maßnahme konkret angewandt werde, hinge sehr von den konkreten Begebenheiten ab.

Diagnostik (mit Sicherheitscheck)

Die Diagnostik stehe ganz am Anfang der Behandlung. Sie diene dazu, abzuklären, was passiert sei und welche Symptomatik im Vordergrund stehe. Beim Sicherheitscheck gehe es darum, zu klären, ob/dass der Patient in Sicherheit ist: Dies sei z.B. bei der verprügelten Ehefrau nicht automatisch so, wenn sie nach der Sitzung wieder nach

---

[64] Diagnostik (mit Sicherheitscheck), Psychoedukation, Vermittlung von Stabilisierungstechniken, Exposition, Gespräch mit Bezugspersonen, kognitive Umstrukturierung, Beratung der Angehörigen, Ressourcenaktivierung, Symptommanagement – Distanzierungstechniken, EMDR*. Vgl. dazu Czeranski, M. (2011), Folie 11.

* In Bielefeld seien zwei Fachkräfte in EMDR ausgebildet, aber EMDR werde dort nicht praktiziert.

Hause gehe. Im Allgemeinen gehe es darum, dem Patienten Sicherheit zu vermitteln: Selbst wenn damals etwas schlimm gewesen sei, sei er nun in Sicherheit. Diese Unterscheidung zwischen dem 'Damals und Dort' sowie dem 'Hier und Jetzt' sei ein wichtiger Bestandteil der Therapie. Dabei gehe es nicht einfach nur um eine bloß theoretische Perspektivenfrage. Denn z.b. Flashbacks[65] erlebe der Betroffene stets so, als sei man jetzt wieder in der Notsituation. Da könne und müsse die kognitive Seite die affektive Ebene korrigieren: „Jetzt bin ich nicht in der Notsituation. Jetzt bin ich in der Therapie, am Bahnhof, im Wohnzimmer o.ä. und hier bin ich in Sicherheit."

Psychoedukation

In der Psychoedukation gehe es u.a. darum, die Herkunft und Bedeutung der Symptome neurobiologisch zu erklären, so z.b. dass die Ereignisse aufgrund der Stresshaftigkeit der Situation nicht adäquat im Gedächtnis abgespeichert werden konnten. Mit dieser Erklärung werde gleichzeitig auch schon ein Weg beschritten, wie man die Symptome korrigieren und entkräften könne.

Auf diesen Behandlungsansatz werde immer wieder zurückgegriffen – auch vom Patienten, der beim Auftreten der Symptome ein Stopp durch die kognitiven Erklärungen setze und die Wirkmächtigkeit des wiederholt affektiven Durchlebens unterbreche.

Vermittlung von Stabilisierungstechniken

Dazu gehöre auch eine solche Technik des Gedankenstopps, dass man wisse „Ich kann mich von so einem Überladensein von Emotionen, die dem Ereignis angehören, die aber jetzt keine Relevanz haben, distanzieren." (Das ist eine Form der Distanzierungstechnik.)

In diesen Bereich gehöre auch so etwas wie die Ressourcenaktivierung. Diese beinhalte z.B. das Aufgreifen dessen, was in der Vergangenheit hilfreich war. Zunächst möge es banal klingen, betonen zu müssen, dass man sich etwas Gutes tun, sich mit etwas Schönem konfrontieren solle. Die Schwierigkeit bestehe darin, das Wissen auch

---

[65] Vgl. zu Flashbacks Kap. 2.2.3.

in die Tat umzusetzen. Der größte Feind in der Therapie sei nämlich die Vermeidung[66]. Das Unterlassen einer Konfrontation suggeriere zunächst Sicherheit, aber Vermeidung führe letztlich dazu, dass Menschen ihren psychosozialen Radius immer mehr einengen. In diesem Falle würden die Personen ihre sozialen Kontakte abbrechen, ihre Aktivitäten einstellen und sich schließlich immer mehr zurückziehen. Vermeidung könne auch zu einer Generalisierung führen. So entwickele sich der Impuls, nach einem Verkehrsunfall nicht mehr Autofahren zu wollen, schnell dazu, auch die Straßenbahn zu vermeiden und dann dazu, überhaupt nicht mehr nach draußen zu gehen. Die scheinbare Entlastung durch Vermeidung führe somit nicht zu einer Verbesserung der Situation, sondern zu einer Verschlimmerung. Daher gehöre eine Vermeidungsanalyse an den Beginn der Therapie und die Verhinderung von Vermeidung stelle einen ganz zentralen Aspekt der Therapie dar.

Exposition

Die Exposition setze beim Vermeidungsverhalten an und helfe dabei, dieses Verhalten durch Konfrontation mit der vermiedenen Situation aufzubrechen.

Dabei gehe die Exposition immer „von der Sicherheit in die Sicherheit". Die Gefahr einer Retraumatisierung durch die Exposition bestehe dann, wenn man gegen diesen Grundsatz verstoße.

Daher gehöre die schrittweise Annäherung zu den therapeutischen Prinzipien der Exposition. Wenn jemand z.B. nach einem Verkehrsunfall nicht mehr Autofahren wolle, gehe man mit ihm zunächst zum Auto. Im weiteren Verlauf der Sitzung(en) setze er sich vielleicht zunächst nur auf den Beifahrersitz, später auf den Fahrersitz, wieder später starte er dann den Motor und schließlich lege er den Gang ein und fahre los.[67] Bei diesem Vorgehen gehe es um eine schrittweise Normalisierung.

---

[66] Vgl. zur Vermeidung Kap. 2.2.3.

[67] Neben einer solchen realen Exposition arbeite man noch viel häufiger mit imaginativen Expositionen, bei denen man diese Bilder quasi als Kopfkino entstehen lasse.

Der Grundsatz der Exposition „von der Sicherheit in die Sicherheit" bedinge aber auch, dass die Angst-behaftete Situation erst dann wieder aufgelöst werden dürfe, wenn die Angst gewichen sei. Die Angst selbst sei ein „zahnloser Tiger". D.h. dass Angst eine zeitlich begrenzte physiologische Reaktion sei, welche sich nach einer Zeit der Konfrontation einstelle. Die Expositionstherapie sei eben dann erfolgreich, wenn der Patient feststellen würde, dass die Angst verschwunden sei, obwohl er der Situation nach wie vor ausgesetzt sei. Auch hier könne man an die zuvor thematisierte Unterscheidung von „Damals und Dort" (affektive Überladung) und „Hier und Jetzt" (kognitive Ebene und Sicherheit) anknüpfen.

4 Erste Ergebnisse und Verbesserungsmöglichkeiten bei der Einsatznachsorge

Nach über 10.000 Einsätzen in den ersten sieben Jahren hat sich gezeigt[68], dass

- Mobile Retter gemäß der primären Einsatzindikationen (Herz-Kreislauf-Stillstand und Bewusstlosigkeit) häufig mit potentiell belastenden Situationen konfrontiert wurden.

- in den Nachsorgegesprächen am häufigsten *der Umgang mit betroffenen Familienangehörigen usw.* sowie *der Kontakt mit bereits verstorbenen Menschen* als Belastungen genannt wurden.

- Belastungssymptome selten auftraten und fast immer nach Tagen wieder verschwanden. Von den Symptomen wurden am häufigsten die Intrusionen (Wiedererleben, Wiedererinnern) genannt. Nicht unerwähnt bleiben sollte, dass in zumindest zwei Fällen Mobile Retter ihre Tätigkeit aufgrund der belastenden Einsatzsituation(en) eingestellt haben. Eine PTBS hat sich in diesen beiden Fällen jedoch nicht manifestiert.

- nur einzelne Mobile Retter die Telefonanrufe ablehnten. Die Nachsorgegespräche wurden überwiegend als positiv bewertet. I.d.R. wurde bereits die Tatsache erfreulich aufgenommen, mit jemandem von den Mobilen Rettern gesprochen zu haben. (Hier zeigt sich, dass der ehrenamtliche Helfer zwar selbst Mobiler Retter ist, andererseits die Mobilen Retter auch als Organisation mit bestimmten Aufgaben begreift).

Dennoch sind in dieser Zeit auch einige Fragen hinsichtlich der Durchführung und Durchführbarkeit der Nachsorgegespräche seitens der regionalen Teams aufgeworfen worden. Vielfach resultieren die Fragen aus der ehrenamtlichen Belastung:

---

[68] Vgl. hierzu auch: Stroop, R./ Eckert, M./ Poschkamp, T./ Goersch, H. (2020).
.

Ein zentraler Punkt ergibt sich aus der Tatsache, dass die Nachsorge in einigen (Start-)Regionen rein ehrenamtlich getragen wird. Dabei muss berücksichtigt werden, dass sich die Ehrenamtler bei den Mobilen Rettern ja gerade aus dem Ehrenamt bei anderen Hilfsorganisationen u.ä. rekrutieren und somit mehrere Ehrenämter wahrnehmen und bewältigen müssen. Die Erfahrung hat gezeigt, dass die Telefonate zwischen 5 - 45 Minuten dauern (im Mittel ca. 20 Min.). Exemplarisch (und realistisch für den Bereich Gütersloh) bedeutet das regional z.b. bei einer durchschnittlich täglichen Alarmierung von drei Einsätzen und jeweils zwei alarmierten Mobilen Rettern, dass täglich zwei Stunden Zeit für die Nachsorgegespräche investiert werden müssten. Im Jahr entspräche das 730 Stunden oder anders ausgedrückt einer 1/3-Jahresvollzeitstelle (bei 38,5 h/Woche). Dies kann besonders dann zu einem Problem werden, wenn das Team der Ehrenamtler nur aus wenigen Mitgliedern besteht, so dass dann die inhaltlich lohnenswerte Aufgabe auf den Schultern (zu-)weniger ruht.

Hier stellt sich also die Frage, wie diese hohe Zeitinvestition (ehrenamtlich) getragen werden kann.

Einige **Alternativen / Verbesserungsmöglichkeiten** werden nachfolgend angedeutet, die in manchen Regionen auch teilweise in die Praxis übergegangen sind. Bei einigen dieser Verbesserungsmöglichkeiten hält man an der Vorstellung fest, dass alle Mobilen Retter nach dem Einsatz kontaktiert werden.[69] Andere Ideen berücksichtigen, wie zumindest eine sinnvolle selektive Betreuung möglich sein könnte.

Gegliedert werden die nachfolgenden Punkte nach der Zuständigkeit von **a)** politisch Verantwortlichen/Trägern des Rettungsdienstes, **b)** den Leitstellen/des Rettungsdienstpersonals, **c)** den Mobilen Rettern selbst.

---

[69] Dies sollte aus den o.g. Gründen auch weiterhin die Zielvorstellung sein – selbst wenn sie sich aktuell nicht vollends umsetzen ließe. Zielvorstellungen sollten nicht einfach aufgegeben werden, nur weil deren Umsetzung (z.Z.) nicht eins zu eins gelingt. Die Normativität des Faktischen ist kein guter Ratgeber. (Blinder Idealismus natürlich auch nicht.)

a) politisch Verantwortliche/Träger des Rettungsdienstes:

- In der Planung der regionalen Einführung der Mobilen Retter sollte entweder die Einsatznachsorge im Stellenplan berücksichtigt und hier festes Personal im Haushalt eingeplant werden oder zumindest sollte sichergestellt sein, dass es ausreichend viele Kräfte gibt, die sich in diesem Bereich zusätzlich engagieren werden (z.b. aus bereits existierenden Einsatznachsorgeteams der Region).

b) die Leitstellen/das RD-Personal:

- Die Einsatzindikation sollte möglichst präzise an die Mobilen Retter übermittelt werden, da auch die Anfahrt als Vorbereitungszeit begriffen werden muss. „Überraschungen" vor Ort können die Handlungssicherheit mindern und damit nicht nur den sicheren Umgang mit dem Patienten schmälern, sondern auch persönliche Belastungen erhöhen. D.h. eine Meldung unter dem Stichwort „Notfall" ist viel zu allgemein – insbesondere, wenn es sich dann de facto z.b. um eine Kinderreanimation handelt.

- Die Leitstellen-/Rettungsdienstmitarbeiter könnten so geschult werden, dass die Mobilen Retter am Ende der Rettungsmaßnahme vor Ort direkt im Team bei einem kurzen Briefing integriert werden.

- Die Leitstelle könnte in bestimmten Fällen einen Kontakt zum Nachsorgeteam herstellen – z.B. durch eine im System integrierte Möglichkeit einer Push-Benachrichtigung.

- Bei bestimmten, sich aus der Realität des Einsatzes ableitenden, Einsatzstichworten könnte das Nachsorgeteam – ebenfalls z.B. per Push – automatisch benachrichtigt werden. Hierzu wurde folgende erste Ideen aus den Regionen Bielefeld/Gütersloh entwickelt, deren Umsetzung durch den Technologieanbieter medgineering GmbH allerdings noch aussteht:

Eine automatisch generierte E-Mail (nach z.B. einer Woche) könnte zumindest verhindern, dass jemand, der keinen Kontakt zu einem PNSV-Team hat und auch die Nachsorgeangebote für die Mobilen Retter nicht präsent hat, durch das Raster fällt. Diese E-Mail könnte in etwa lauten:

Liebe/r X,

vielen Dank für Deinen Einsatz als Mobiler Retter vor einer Woche. Wir hoffen, Du bist gut in den und wieder aus dem Einsatz gekommen. Falls Du wegen des Einsatzes Kontakt mit uns aufnehmen möchtest, kannst Du dies gerne tun.

- *Technische Anmerkungen schickst Du der Technikabteilung am besten über die Feedbackfunktion in der App zu.*

- *Hattest Du einen sehr belastenden Einsatz, so kannst Du Dich an einen kollegialen Ansprechpartner der Mobilen Retter in deiner Region wenden. Schicke dazu kurz eine E-Mailadresse an die nachstehende Adresse und man wird Dich zeitnah zurückrufen.*

Für die Region XY: [E-Mail-Adresse für die Nachsorge]

c) die Mobilen Retter selbst:

- Alle Mitglieder sollten über das o.g. fünffache Netz der PSNV (vgl. Kapitel 1.3) informiert sein. Durch diese Kenntnis wird die Gefahr minimiert, dass ein Helfer in seelischer Not durch alle Ebenen des Netzes fällt und sich als Helfer hilflos fühlt.

- Im Sinne der Selbstfürsorge/-vorsorge sollte der Mobile Retter den Aus- & Aufbau stabilisierender Ressourcen pflegen. Dies könnte durch Angebote von außen (Mobile Retter e.V., Hilfsorganisationen und Landkreise/kreisfreie Städte) unterstützt werden.

- In der App könnte ein Button integriert werden für eine einfache und/oder nachträgliche Kontaktaufnahme des Mobilen Retters mit dem Nachsorgeteam. Dies wäre natürlich primäre Aufgabe des Mobile Retter e.V. und der Softwareentwickler.

Literaturverzeichnis

Asklepios Kliniken GmbH & Co. KGaA (Hrsg.) (2018): *Präventionsbericht 2018. Sei achtsam mit dir!* Hamburg. URL: https://www.asklepios.com/dam/jcr:174f51e9-5a23-4a11-bd6a-56f260e0b309/181 018_asklepios_praeventionsbericht_gesamtstand_voe_s.pdf [03.03.2019]

Bolm-Audorff, U./ Petereit-Haack, G./ Seidler, A (2019): *Zusammenhang zwischen beruflichen Traumata, posttraumatischer Belastungsstörung und Depression – eine Beurteilung von systematischen Reviews.* In: Psychiat Prax 10.1055/a-0822-7712.

Brunnenhuber, St./ Frauenknecht, S./ Lieb, K. ([5]2005): *Intensivkurs Psychiatrie und Psychotherapie.* München/Jena.

Bundesamt für Bevölkerungsschutz und Katastrophenhilfe (BBK) (Hrsg.) ([3]2012): *Psychosoziale Notfallversorgung: Qualitätsstandards und Leitlinien. Teil I und II (= Praxis im Bevölkerungsschutz. Bd. 7).* Bonn.

Bundesamt für Bevölkerungsschutz und Katastrophenhilfe (BBK) (Hrsg.) (2013): *Hotline im Krisen- und Katastrophenfall: Psychosozialer Gesprächsleitfaden.* Bonn.

Bundesamt für Bevölkerungsschutz und Katastrophenhilfe (BBK) (Hrsg.) ([2]2018): *BBK-Glossar. Ausgewählte zentrale Begriffe des Bevölkerungsschutzes.* Bonn.

Bundesarbeitsgemeinschaft der Senioren-Organisationen e.V. (Hrsg.) (2001): *Leitfaden zur Arbeit mit Freiwilligen: Ehrenamt in der BAGSO.* Bonn. URL: http://www.bagso.de/fileadmin/Publikationen/Leitfaden.pdf [03.03.2019]

Czeranski, Michaela (2011): Traumaambulanzen in NRW. URL: http://www.iserlohn.de/fileadmin/user_upload/Dokumente/Gleich stellungsstelle/domestic_violence_bilder/Schwerte_Dokumente/ Traumaambulanzen_in_Nrw.ppt [03.03.2019]

Deutsche Gesetzliche Unfallversicherung e.V. (Hrsg.) (2017): *DGUV Grundsatz 306-001: Traumatische Ereignisse – Prävention und Rehabilitation.* Berlin, 10f..

Deutsche Gesetzliche Unfallversicherung e.v. (Hrsg.) (2017): *DGUV Information 206-023: Standards in der betrieblichen psychologischen Erstbetreuung (bpE) bei traumatischen Ereignissen.* Berlin, 9f..

Dreiner, M./ Weber, Th. (2011): *Trauma – was tun? Informationen für akut betroffene Menschen und deren Angehörige.* Hrsg. von der Unfallkasse Berlin. Nachdruck durch die Unfallkasse NRW. [ohne Ort].

Egle, U.T./ Frommberger, U./ Kappis, B. (2014): *Begutachtung bei Posttraumatischer Belastungsstörung mit Leitsymptom Schmerz.* In: Der Schmerz, 1-10.

Erbsland, H. (2017), *Anreize und Motive freiwilliger Ersthelfer des Smartphone-basierten Alarmierungssystems Mobile Retter* (= Bachelorarbeit, TU Ilmenau). Ilmenau.

Ernst, H. (2010): *Mitgeteiltes Leid ist halbes Leid - Konzept der psychologischen Erstbetreuung durch Kolleginnen und Kollegen.* (= Workshop 1 auf der Fachtagung „Gewalt am Arbeitsplatz - erkennen, verhindern und bewältigen" der Unfallkasse Nordrhein-Westfalen am 26. April 2010).

Frommberger, U./ Maercker, U. (2019): *Posttraumatische Belastungsstörung, PTBS (ICD-10 F43.1).* In: Voderholzer, U. / Hohagen, F. (Hgg.) (14 2019): *Therapie psychischer Erkrankungen. State of the Art.* München, 283-294.

Hausmann, C. (2 2005): *Handbuch Notfallpsychologie und Traumabewältigung. Grundlagen, Interventionen, Versorgungsstandards.* Wien.

Helmerichs, J./ Karutz, H./ Gengenbach O./ Richwin, R. (2016): *Psychosoziale Herausforderungen im Feuerwehrdienst. Belastungen senken – Schutz stärken.* Hrsg. vom Bundesamt für Bevölkerungsschutz und Katastrophenhilfe / Deutsche Feuerwehrverband. Bonn.

Hinzmann, D./ Schießl, A./ Koll-Krüsmann, M./ Schneider, G./ Kreitlow, J. (2019): *Peer-Support in der Akutmedizin.* In: Anästh Intensivmed 2019;60: 95–101.

Huber, B. (2008): *Primäre Prävention im Einsatzwesen. Follow-up-Untersuchung der Schulung „Seelische Belastungen im Einsatz &*

was man dagegen tun kann" (= Diplomarbeit). URL: http://www.prae-vention-im-einsatzwesen.de/publikation/_Diplomarbeit_Bettina_Hu-ber.pdf [03.03.2019]

Karutz, H./ Lasogga, F. (2008): *Kinder in Notfällen. Psychische Erste Hilfe und Nachsorge.* Edewecht.

Karutz H. (2011): *„Den kenne ich doch!" Stress und Betroffenheit von Rettungsdienstpersonal bei der Konfrontation mit persönlich be-kannten Notfallopfern.* In: Rettungsdienst 34, S. 840-844.

Kolb, J.-H. (2018): *Critical Incident Stress Management (CISM) – Stressbewältigung nach kritischen Ereignissen.* (= Vortragspräsen-tation des 16. Gesundheitspflege-Kongresses in Hamburg vom 2./3. November 2018). URL: http://www.gesundheitskongresse.de/ham-burg/2018/dokumente/praesentationen/Kolb-Jan-Hendrik---Critical-Incident-Stress-Management.pdf [03.03.2019]

Krüsmann, M. (2012): *Zur Prävention von Traumafolgestörungen.* In: Becker, U./ Koller, K. et al. (2012*): In dem Alter stirbt doch keiner! Begleitbuch.* Wunsiedel. 56-81. URL: http://marion-koll-krues-mann.de/wp-content/uploads/2015/02/Begleitbuch_Kr%C3%BCs-mann_56-811.pdf [28.03.2019]

Lasogga, F./ Gasch, B. (Hrsg.) (^{2}2011): *Notfallpsychologie – Ein Lehr-buch für die Praxis.* 2., ergänzte und überarbeitete Auflage. Heidel-berg.

Maercker, A. (Hrsg.) (^{3}2009): *Posttraumatische Belastungsstörungen.* 3., vollständig neu bearbeitete und erweiterte Auflage. Heidelberg.

Maercker, A./ Brewln, C.R./ Bryant, R.A. et al. (2013): *Diagnosis and Classification of disorders specifically associated with stress: Pro-posal for ICD-F11.* World Psychiatry, 12(3), 198-206.

Möller H.-J./ Laux G. /Deister A. (^{4}2009): *Psychiatrie und Psychothe-rapie.* Duale Reihe. Stuttgart.

Mitchell, J.T./ Everly G.S. (^{2}2005): *Critical Incident Stress Manage-ment = Handbuch Einsatznachsorge. Psychosoziale Unterstützung nach der Mitchell-Methode.* 2., völlig neu bearbeitete und erweiterte Auflage. Edewecht/Wien.

Mitchell, J.T./ Everly, G.S ([3]2019): Critical incident stress management = Handbuch Einsatznachsorge: Psychosoziale Unterstützung nach der Mitchell-Methode. Edewecht.

Müller-Lange J./ Rieske U. /Unruh J. (Hrsg.) ([3]2013): *Handbuch Notfallseelsorge*. 3., vollst. überarb. Auflage. Edewecht.

Munk-Oppenhäuser, V.K. (2012). *Entwicklung und Evaluation eines Fortbildungsprogramms für schulinterne Krisenteams in Thüringen* (= Dissertation Technische Universität Dortmund). Dortmund.

Nikendei, A. (2012): *Psychosoziale Notfallversorgung (PSNV) - Praxisbuch Krisenintervention*. Edewecht.

Pausch, M.J./ Matten (S.J.) (2018): *Trauma und Traumafolgestörung: In Medien, Management und Öffentlichkeit*. Wiesbaden.

Rascher, St./ Fahnenbruck, G. (2019): *Critical Incident Stress Management – wie professionelle Krisenintervention die Luftfahrt resilienter macht. In: Heller, J. (Hrsg.) (2019): Resilienz für die VUCA-Welt. Individuelle und organisationale Resilienz entwickeln*. Wiesbaden, 269-282.

Schellong J. (2015): *Traumafolgestörungen. Diagnostik und Behandlung*. In: internist. prax. 55, 333–345.

Stangl, W. (2019). Stichwort: 'Selbstinstruktion' | Online Lexikon für Psychologie und Pädagogik. URL: https://lexikon.stangl.eu/8797/selbstinstruktion-selbstinstruktionstraining [14.02.2019]

Steil, M. (2010): *Einsatzstress? So helfen Sie sich und anderen! Umgang mit psychischen Folgen belastender Feuerwehreinsätze*. Heidelbestrooprg u.a..

Stroop, R./ Kerner, T./ Strickmann, B./ Hensel, M. (2020). *Mobile phone-based alerting of CPR-trained volunteers simultaneously with the ambulance can reduce resuscitation-free interval and improve outcome after out-of-hospital cardiac arrest: A German, population-based cohort study*. In: Resuscitation, 147, 57-64. DOI: 10.1016/j.resuscitation.2019.12.012.

Stroop, R./ Eckert, M./ Poschkamp, T./ Goersch, H. (2020) *Evaluation psychischer Belastungssituationen der Smartphone-basierten Ersthelfer-Alarmierung „Mobile Retter"*. In: Notfall + Rettungsmedizin. DOI: 10.1007/s10049-020-00773-w

Stroop, R./ Eckert, M./ Poschkamp, T./ Kerner, T./ Goersch, H. (2019): *Smartphone based alerting: aftercare for first aiders - necessary or superfluous?*. In: Resuscitation, 142, e10. DOI: 10.1016/j.resuscitation.2019.06.034.

Stroop, R./ Strickmann, B./ Horstkötter, H./ Kuhlbusch, T./ Hartweg, H. R./ Kerner, T. (2015): *Smartphone-basierte First-Responder-Alarmierung „Mobile Retter"*. In: Der Notarzt 31(05), 239-245.

Stroop R./ Hensel M./ Schnettker, A.T./ Strickmann B./ Kuhlbusch T./ Kerner T. (2018): *Smartphone-basierte Ersthelfer-Alarmierung verkürzt das reanimationsfreie Intervall. Eine Machbarkeitsstudie zur Verbesserung der präklinischen Reanimation.* In: Anästh Intensivmed 2018;59: 1-9.

Unruh, J. (Hg.)/ Geese, C./ Müllenmeister, F./ Karutz, H./ Müller-Lange, J./ Rieske, U. ([5]2012): *Wenn die Not Worte verschlingt.* 5. Überarbeitete Auflage. Pfalzfeld.

Wild, J./ Greenberg, N./ Moulds, M.L./ Sharp, M.-L./ Fear, N./ Harvey, S./ Wessely, S./ Bryant, R.A. (2020): *Pre-incident Training to Build Resilience in First Responders: Recommendations on What to and What Not to Do.* Psychiatry, DOI: 10.1080/00332747.2020.1750215

Wild, J./ Smith, K./ Thompson E./ Béar, F./ Lommen, M.J.J. / Ehlers A. (2016): *A prospective study of pre-trauma risk factors for posttraumatic stress disorder and depression.* In: Psychological Medicine, 1-12.

World Health Organization (2011): *Psychological first aid: Guide for field workers.* URL: http://apps.who.int/iris/bitstream/handle/10665/44615/9789241548205_eng.pdf?sequence=1 [03.03.2019].

Anhang: Einsatz- & Nachsorgeprotokoll

Einsatz- und Nachsorgeprotokoll, die vom Mobilen Retter (freiwillig) nach dem Einsatz in der App ausgefüllt werden sollten.

Einsatzprotokoll (in der App)

[A] Eintreffen / Besonderheiten / Krankengeschichte

1. **Zeitpunkt des Eintreffens**
   - ❑ vor dem Rettungsdienst
   - ❑ zeitgleich mit dem Rettungsdienst
   - ❑ nach dem Rettungsdienst

2. **Einsatz-Besonderheiten**
   - ❑ _____

3. **Kurze Krankengeschichte**
   - ❑ _____

[B] Status bei Eintreffen

4. **Reaktion auf Ansprache**
   - ❑ wach
   - ❑ schläfrig
   - ❑ komatös
   - ❑ _____

5. **Orientierung**
   - ❑ orientiert
   - ❑ eingeschränkt orientiert
   - ❑ desorientiert
   - ❑ nicht prüfbar
   - ❑ _____

6. **Atmung**
   - ❑ ausreichende Spontan-Atmung
   - ❑ unzureichende Spontan-Atmung
   - ❑ Spontan-Atmung nach Freimachen des Atemwegs
   - ❑ keine Atmung
   - ❑ _____

7. Puls
- ❑ Puls gut palpabel
- ❑ Puls schwach
- ❑ pulslos
- ❑ _____

8. Verletzung
- ❑ keine
- ❑ leicht
- ❑ schwerwiegend
- ❑ _____

9. Verdachtsdiagnose
- ❑ _____

[C] Maßnahmen
10. Stabile Seitenlage
- ❑ ja
- ❑ nein

11. Atemwege freigemacht
- ❑ ja
- ❑ nein

12. Atemspende durchgeführt
- ❑ ja
- ❑ nein

13. Herzdruckmassage durchgeführt
- ❑ ja
- ❑ nein

14. Sonstige Maßnahmen
- ❑ _____

[D] Patienten-Status zum Zeitpunkt der Behandlungs-übernahme durch den Rettungsdienst
15. Patienten-Status
- ❑ verbessert
- ❑ unverändert
- ❑ verschlechtert

❏ _____

Nachsorgeprotokoll (in der App)

1. **Falls du nach dem Rettungsdienst eingetroffen bist, hast du deine Hilfe angeboten?**

   ❏ ja
   ❏ nein *(wir möchten Dir gerne vorschlagen, bei einem nächsten Mobile Retter-Einsatz Dich dem Rettungsdienst kurz vorzustellen und ihm Deine Hilfe anzubieten!)*

2. **Dieses war mein**

   ❏ 1. Mobile Retter-Einsatz
   ❏ 2. Mobile Retter-Einsatz
   ❏ 3. - 9. Mobile Retter-Einsatz
   ❏ über 10. Mobile Retter-Einsatz

3. **Meine aktuelle Qualifikation ist (Mehrfachnennungen möglich)**

   ❏ Sanitäter (San A / B / C)
   ❏ THW mit EH Ausbildung
   ❏ hauptberuflich: Notfallsanitäter / Rettungsassistent / Rettungssanitäter
   ❏ ehrenamtlich: Notfallsanitäter / Rettungsassistent / Rettungssanitäter
   ❏ Rettungsdiensthelfer
   ❏ Arzt (ohne Fachkunde Rettungsdienst / ohne Zusatzbezeichnung Notfallmedizin)
   ❏ Notarzt
   ❏ Zahnarzt
   ❏ Arzthelferin
   ❏ Betrieblicher Ersthelfer
   ❏ Einsatz-Ersthelfer alpha
   ❏ Einsatz-Ersthelfer bravo
   ❏ Feuerwehr
   ❏ Gesundheits- und Krankenpfleger
   ❏ Intensiv-/Anästhesie-Pflege
   ❏ Pflegehelfer / Pflegeassistent
   ❏ Medizinstudent

❑ Polizei

4. **Geschlecht**

❑ weiblich
❑ männlich

5. **Alter**

❑ 18 – 30 Jahre
❑ 31 – 45 Jahre
❑ 46 – 60 Jahre
❑ über 65 Jahre

6. **In welcher Situation warst Du zum Zeitpunkt der Alarmie-rung?**

❑ zu Hause
❑ geschlafen / nachts
❑ am Arbeitsplatz
❑ Freizeitunternehmung, außerhäusig
❑ Unterwegs
❑ _____

7. **Wie bist Du zum Einsatzort gelangt?**

❑ zu Fuß
❑ Fahrrad
❑ PKW / Moped / Motorrad
❑ _____

8. **Wo war der Einsatz?**

❑ in einer Privatwohnung
❑ auf einer Arbeitsstelle
❑ im öffentlichen Bereich
❑ _____

9. **Wie hast Du Dich auf dem Weg zum Einsatzort gefühlt?**

❑ angespannt
❑ leicht angespannt
❑ entspannt

10. Wie wurde Dein Eintreffen am Einsatzort vom Umfeld des Patienten aufgenommen?

- ❑ positiv
- ❑ neutral
- ❑ negativ
- ❑ irritiert, nachfragend oder unsicher

11. Wurde vor dem Eintreffen des Mobilen Retters durch Laien Reanimationsmaßnahmen durchgeführt?

- ❑ ja
  - o war die Laienreanimation Deiner Meinung nach eher effizient?
  - o eher nicht effizient
- ❑ nein

12. Wie hast Du Dich in der Rolle des Mobilen Retters beim Eintreffen am Einsatzort gefühlt?

- ❑ gut
- ❑ neutral
- ❑ schlecht

13. Gab es einen Konflikt zwischen Dir und den anwesenden Personen am Einsatzort?

- ❑ nein
- ❑ ja, und zwar derart: _____

14. Wie sicher warst Du dir bei der <u>Einschätzung des Patientenzustands</u>, vor allem bezüglich „bei Bewusstsein", „bewusstlos, aber ausreichende Spontanatmung" und „reanimationspflichtig"?

- ❑ sehr sicher
- ❑ sicher
- ❑ teils, teils
- ❑ unsicher
- ❑ sehr unsicher

15. Wie sicher hast Du dich in Bezug auf die von Dir eingeleiteten Maßnahmen gefühlt?

❑ sehr sicher
❑ sicher
❑ teils, teils
❑ unsicher
❑ sehr unsicher

16. Hattest Du beim Eintreffen am Einsatzort medizinische Ausrüstung dabei?

❑ ja
    o Schlüsselbundanhänger mit Beatmungsfolie und Handschuhen
    o Notfallkoffer
    o Notfallmedikamente
    o Automatisierter, externer Defibrillator (AED)
    o _____
❑ nein

17. Wenn Du medizinische Ausrüstung dabei hattest, welche Bestandteile kamen zum Einsatz?

❑ Beatmungsfolie aus dem Schlüsselbundanhänger
❑ Venen-Zugang
❑ Medikamente
❑ Blutzucker-Messgerät
❑ Blutdruckmessung
❑ Sauerstoff-Gabe
❑ Einfache Atemwegshilfe (Güdeltubus, Wendeltubus)
❑ Erweiterte Atemwegssicherung (Larynxmaske, Larynxtubus, Intubation)
❑ Verbandsmaterial
❑ AED
❑ _____

18. Wie stark hat der Patient Ihrer Meinung nach von Ihrer medizinischen Hilfe profitiert?

- ❑ "überhaupt nicht profitiert"
- ❑ "nicht profitiert"
- ❑ "weder profitiert noch nicht profitiert"
- ❑ "etwas profitiert"
- ❑ "stark profitiert"

19. Wie stark haben die Angehörigen Ihrer Meinung nach von Ihrer psychischen Hilfe profitiert?

- ❑ "überhaupt nicht profitiert"
- ❑ "nicht profitiert"
- ❑ "weder profitiert noch nicht profitiert"
- ❑ "etwas profitiert"

20. Wie stark haben die Angehörigen Ihrer Meinung nach von Ihrer psychischen Hilfe profitiert?

- ❑ "überhaupt nicht profitiert"
- ❑ "nicht profitiert"
- ❑ "weder profitiert noch nicht profitiert"
- ❑ "etwas profitiert"

21. Wurdest Du als Mobiler Retter nach Eintreffen des Rettungsdienstes in den Einsatz eingebunden?

- ❑ Ja
  - o Gespräch mit den Angehörigen
  - o Herzdruckmassage / Beatmung
  - o Tragen des Patienten
  - o Intubation
  - o Venenzugang
  - o Vorbereitung der Trage
  - o Handreichungen
  - o sonstiges: _____
- ❑ Nein

22. Wie hat Deiner Meinung nach die Übergabe an den Rettungsdienst geklappt?

- ❏ gut
- ❏ teils, teils
- ❏ Schlecht

Kommentar: _____

23. Hast Du eine Rückmeldung Deiner Tätigkeit durch die Rettungsdienstkräfte erhalten?

- ❏ nein
- ❏ ja

Kommentar: _____

Autoren

Michael Eckert ist Diplom-Theologe und Lehrer für die Fächer Katholische Religionslehre, Philosophie und Erziehungswissenschaft. Darüber hinaus hat er sich weiterqualifiziert zum Heilpraktiker für Psychotherapie, zum Personzentrierten Berater (GwG) sowie in den Bereichen Notfallseelsorge und Einsatznachsorge (CISM). Michael Eckert ist Mitglied eines schulischen Krisenteams und engagiert sich ehrenamtlich beim DRK sowohl im Bereich der PSNV als auch als Ausbilder in den Bereichen Erste-Hilfe und Sanitätsdienst. Seit 2014 hat er praktische Einsatzerfahrung als Mobiler Retter sammeln können und ist seit 2016 mit der Einsatznachsorge von Mobilen Rettern betraut.

Priv.-Doz. Dr. med. habil. M.Sc. Ralf Stroop ist Facharzt für Neurochirurgie / Notfallmedizin / Intensivmedizin, Ingenieur für Elektro- und Informationstechnik und Diplom-Biochemiker. Seit 2020 ist er als Oberarzt in der Klinik für Neurochirurgie und Wirbelsäulenchirurgie der Niels-Stensen-Kliniken (Marienhospital Osnabrück) tätig. Im Kreis Gütersloh ist Dr. Stroop seit vielen Jahren auch als Notarzt und Leitender Notarzt aktiv. Dr. Stroop hat das Konzept „Mobile Retter" (www.mobile-retter.org) entwickelt und die Konzeptionierung der psychosozialen Notfallversorgung bei den Mobilen Rettern intensiv begleitet.